平凡社新書
983

江戸のいろごと

落語で知る男と女

稲田和浩
INADA KAZUHIRO

HEIBONSHA

江戸のいろごと●目次

第三章 若い男女の恋物語

第四章 禁断の恋物語・不倫の掟

はじめに

「日の本は岩戸神楽の昔より、女ならでは夜の明けぬ国」

別に日本でなくても、世界的に女性がいないとね、夜は明けない。

岩戸神楽っていうのは、天照大神が岩戸に隠れて世の中が真っ暗になっちゃった。どうしようかって、神々が集まって話していると、アメノウズメっていう女神が踊り出したっていう話。

アメノウズメが裸になって踊って、神々が「やんや」の喝采。日本芸能のはじまりはストリップだった。いや、神々もスケベだ。


江戸時代までは封建社会で、もっと言えば近代も男性社会だから、男性社会の中で、「女性」が重宝されていたようなところもあるが、女だっていろいろだ。貞女もいれば、烈女や悪女もいる。

男を騙す遊女もいれば、亭主の留守に男を引き込む内儀（おかみ）もいれば、恋に熱く燃える少女もいる。亭主が死んだら、後家はモテた。憂いがあっていい。

江戸時代は少女よりも、乙（おつ）な年増（としま）がモテた。何も知らない少女より、酸いも甘いも心得た乙な年増が楽しいっていうのは、江戸の男は単にセックスの相手として女性を捉えていたんじゃなくて、乙な会話のできる女性に憧れた。

江戸後期に起こった落語には、そんな男女の話がいろいろ描かれる。男性視点で、失恋などの失敗譚を面白おかしく語っている話が多いが、それだけではない。男女の話は深くて濃い。

落語や江戸文学から、江戸の男女の色模様をのぞいてみよう。

第一章　吉原へご案内

江戸の色里として知られているのが「吉原」だ。「よしわら」、または「なか」ともいう。なんで「なか」というのか。吉原は堀に囲まれていて、中と外とが明確に分かれている。大門（おおもん）をくぐって中に入るところから「なか」という説があるが、よくはわからない。吉原のメインストリートの中之町という地名から、「なか」だという説なんかもある。

江戸時代、吉原は唯一の公娼、すなわち幕府公認の売春施設だった。他の場所は、四宿（ししゅく）（品川、板橋、千住、内藤新宿）も岡場所も私娼、すなわち民間営業で、こちらは原則違法であった。四宿、岡場所の説明は次章で記す。

吉原はいつ頃、どのようにしてできたか。江戸のはじめに庄司甚内（甚右衛門）っていう人が、「世の中を治めるためには、そういう場所がなくてはならない」と、徳川家康に進言してできたという説があるが、庄司甚内って誰だか、あんまりよく知られていない。北条家に仕えていた忍者という説もある。五代目古今亭志ん生が「お直し」のレコードで、「平賀源内」と言い間違えているくらいな人だ。もっとも、志ん生にとっては、甚内でも源内でも大差はない。誰が作っても「ありがたい場所だ」くらいの認識だったのかもしれない。

家康が江戸に幕府を開き、まだ街が整備される前から、大名たちは江戸城のまわりに屋敷を構えた。江戸にいる大名は、譜代（ふだい）なら幕府の役職に就いたり、外様（とざま）でもさまざまな行事に呼ばれたり、工事などを請け負うこともある。大名同士でさまざまな情報交換をしなくてはならない。

大名の家臣たちがそうした情報交換、会合の場として、料理屋を用いた。今の接待と一緒、「飯でも食いながら、顔つなぎ」、そんな大名の家臣たちのために、今の中央区日本橋人形町のあたりで料理屋が営業をはじめた。ただ、飯を食って酒を飲むだけではつまらないから、女の子でも侍らせましょう。大名家の家臣の中には故郷に家族を置いてくる者も多いから、そういう人たちを慰める場所も欲しいね。

そんなところから、料理屋に併設して、遊女屋（売春施設）も作られた。当時の人形町のあたりは、まだ草深い場所で、葦の生い茂る原っぱだった。葦の原っぱだから、吉原と呼ばれた。

そうやって、料理屋や遊女屋なんかが次々と作られていって、さらには芝居小屋などの娯楽施設も併設されてゆく。今でいう繁華街、風俗街みたいになってゆくわけだ。そうなると武士だけでなく、町人も遊びに来て、ますます発展してゆく。街が整備されてゆく過程で、庄司甚内なる人物もそれなりに貢献したんでしょう。

幕府が開かれて五十年くらいすると、江戸の街もかなり整備されてくる。大名屋敷の間に町屋も作られて、商人や職人も多く住む。江戸の街が、江戸城を中心とした、今の千代田区、中央区くらいだったものが、港区、文京区の東南部、新宿区の東側、台東区くらいまで広がってくる。そうなると、江戸の真ん中の人形町が風俗街というのは、ちょっとまずいんじゃないか。風紀が乱れる、っていうんで、浅草の裏のほうに移転をしたのが、明暦三（一六五七）年。沼地だったところを整地し、堀に囲まれた場所に遊女屋の街を建設した。堀に囲まれているから、城に見立てて「廓（くるわ）」と呼ばれ、また、「新吉原」ともいわれた。落語や時代劇に出てくる吉原は、新吉原のことである。

さて、そんな吉原はどんなところだろうか。

色と金とが乱れ飛ぶ、公娼という名の江戸の恥部か、男性にとってはパラダイスなのか。

落語などを材料に、吉原を紹介しよう。

一、吉原への道順

まずは吉原へはどうやって行ったか。

方法は四つある。徒歩、馬、駕籠、舟だ。

吉原の場所は、現在の台東区日本堤一丁目のあたりが大門になる。浅草寺の裏から北へ徒歩で十五分くらいだ。歩いて行かれないこともない。

江戸ではないが、戦前から吉原がなくなる昭和三十三（一九五八）年まで、浅草界隈の寄席では、よく落語家が吉原の噂話をしたそうだ。廓噺だけでなく、どこの店のサービスがいいとか、女の子がいいとか、そういう情報を話したりもする。あるいは夜の十二時を過ぎると割引料金になるなんていう話を盛り込んだりもするから、吉原へ行く男性は寄席で情報を仕入れたり、あるいは寄席を楽しみに来た男性も、ちょっと帰りに吉原へ寄っていこうか、なんていう気分になったりもしたそうだ。

寄席が終わるのがだいたい夜の九時頃、昭和の頃は、今の「花やしき」の横に瓢箪池があって、そのあたりに屋台の飲食店が出ていた。寄席のあとはそこで軽く飲んで、十二時過ぎの割引時間まで繋いでから吉原へ出掛ける人もずいぶんいたそうだ。

江戸の昔も、浅草あたりで軽く飲んでから、徒歩で吉原に行く、あるいは上野方面から田圃（たんぼ）を突っ切って行く人もいたのだろう。

今の松屋デパートの脇の道は、馬道（うまみち）という。このあたりに、江戸の頃は馬子（まご）がいた。馬に乗って吉原というのもあった。馴染みの店がない客は、馬子から情報を仕入れる。馬子も店からいくらかもらっていて、その店に客を連れていったりもしていた。

駕籠は江戸市中の角々に辻駕籠がいた。今のタクシーだ。駕籠の料金はとくに決まってはいない。おおよその目安はあるが、客と駕籠屋の話し合いで決まる。駕籠屋はかなりの重労働で、二人で担ぐのだから、二人分の生活がかかっている。駕籠も親方から借りているから損料も払わなければならない。そこで駕籠屋が提案するのは、目的地まで早く着いた時に賞金をもらおうという交渉だ。これを酒手（さかて）という。酒一合分くらいの料金を上乗せするのが常識になっている。

酒手が出ると決まると、駕籠屋も威勢よく「えいほ、えいほ」と担いで行く。吉原に遊びに行こうなんていう客は、威勢よく大門に乗りつけたいから、そこそこの酒手をはずんだ。吉原へ行く客は駕籠屋にとっても上客というわけだ。

そして、舟だ。

江戸は大川（隅田川）があり、大小さまざまな堀や水路がめぐらされていた水運都市でもあった。物資だけでなく、人も移動に舟を利用した。

あくび指南

江戸っ子があくびを習おうという奇妙な落語。

あくびを習うという意味がわからないが、町内に「あくび指南所」という看板を掛けた稽古屋ができたので、物見高い（好奇心の強い）江戸っ子が習いに行く。もともとは茶の湯の作法のひとつで、あくびをするのも上品にやらねばならぬと、あくびの作法を伝授した、なんていうもっともらしいことを言う人もいるが、そんなのはおそらく出鱈目だろう。

あくびを習う話がなんで吉原に関係があるのか。

夏のあくびというのが、隅田川の舟遊びで、ふと、漏れるあくび。

夏の午後、とくにすることもない男が舟に乗っている。

「おい、船頭さん、舟を上手へやっておくれ。堀から上がって一杯やって、夜は吉原へでも行って新造でも買って遊ぼうか。舟もいいが一日乗っていると、退屈で退屈で（ここであくびが出る）、ならねえ」

大川に舟を浮かべた男が船頭に声を掛ける。「上手へやっておくれ」、上流へ行けと命じる。「堀から上がって」、堀というのは、今戸のあたり、待乳山聖天の先に、昔は堀があった。今は埋め立てられて、山谷堀公園になっている。山谷堀という堀を、隅田川からさらに上っていくと、日本堤というところに出る。ここで舟を降りて、あとは衣紋坂を下れば吉原大門がすぐだ。

「新造でも買って遊ぼうか」。新造とは若い遊女のことで、初々しい女性と楽しみたいということなのだろう。

のんびりした話である。

だが、実際に舟で行くのも大変だった。

「猪牙で千両」という言葉もあった。

猪牙とは、猪牙舟という高速艇だ。小ぶりの舟で、先が尖っていて、猪の頭に似ているから猪牙舟という。小さい舟が高速で走るから、かなり揺れて、乗るのも大変だった。猪牙舟を粋に乗りこなすには、吉原で千両使うくらい通わないと難しいと言われたのだ。

付き馬

行き道の話をしたら、帰り道の話もしよう。

「付き馬」は吉原で遊んだ翌朝、勘定が足りなくなった男がいて、若い衆（遊女屋の従業員）がお金を取りに行く話。男は浅草に親戚がいるから、立て替えてもらうと言って若い衆を連れ出す。

ちなみに吉原など遊女屋の男性従業員を「若い衆」、遊女以外の女性従業員を「おばさん（または遣り手）」といった。老人でも若い衆、年齢が若くてもおばさんと呼ばれた。

「付き馬」というのは、前に説明した馬道の馬子、勘定が足りない客には馬子が金を取りに家まで付いてきた。朝っぱらから馬子を連れて家に帰ってきたら、吉原に行って勘定が足りなかったと近所中に知れ渡ってしまうので体裁が悪い。そこで、若い衆が取りに行くようになった。

さて、一晩遊んで翌朝、大門を出て、右に曲がってしばらく行ったところが田町。

「遊びをして、朝、お湯に入るのは体が決まるから。一風呂付き合いたまえ」

田町の町屋に銭湯があった。

「朝湯はどうもいい心持ちだ。体の油落として、なんとも言えない心持ちだ。ちょいと小腹が空かないか。清元の『喜撰』の文句じゃないが、腹が北山時雨ときたね」

清元の「喜撰」は、平安時代の歌人の喜撰法師が吉原に遊びに行くという粋な歌で、「北山時雨」はお腹が空いたことを「腹がきたやま」などといった。

田町に湯豆腐なんかを出す店が朝からやっていた。これも吉原帰りに、湯豆腐で一杯飲む客を目当てに営業しているのだ。

湯豆腐で軽く一杯飲んで飯も食べて、右に曲がってしばらく行くと浅草、最初に出てきた瓢簞池がある。その脇が花やしき、嘉永六（一八五三）年、ペリーが浦賀に来た年の創業だ。

茶畑を抜けていくと、浅草寺の西側に出る。「付き馬」の時代設定を昭和初期で演じている場合は、瓜生岩子の銅像が出てくる。明治時代の福祉事業家の銅像が、現在も五重塔のすぐ前にある。浅草寺から仲見世を抜けると雷門。昭和初期なら、ここから電車（市電）

に乗って帰ることもできる。

「付き馬」の男は、無銭飲食の常習者で、若い衆は騙されて、まんまと逃げられてしまう。遊んだ翌日も、朝湯やら朝酒、そして、浅草寺にお詣りしたり、花やしきや仲見世で遊んだり、楽しみもいろいろあった。

二、遊女が客をふる

たとえば一般的な恋愛なら、男性でも女性でも意中の人がいれば、それぞれにアピールして、相手が「YES」なら、付き合ったりして関係を深めてゆく。「NO」なら、潔く諦めるとか、くよくよ悩むとか、いろいろある。

吉原の場合はどうか。吉原に限らず、売春施設や恋愛的な雰囲気を商品としたサービス業においては、金銭においてサービスが発生する。

まず、お客は張り店で遊女をお見立てする。張り店っていうのは時代劇なんかでよく出てくる。格子があって、歩きながら女性の品定めをする。時には格子越しに話をしたりもする。

遊女からお客に声を掛ける場合もある。歌舞伎の「助六」で「煙管(きせる)の雨が降る」って科白(せりふ)がある。遊女から意中の男性に声を掛けるきっかけには、煙管をつけてすすめた。煙管を受け取れば客も「ＯＫ」の意味、「お店に上がって、楽しいことをしましょう」となる。

「あいぼれや顔に格子のあとがつき」って江戸川柳がある。どういう意味かというと、「あいぼれ」、すなわち相思相愛の客と遊女がいて、遊女は上がってほしいが、客がその日、懐具合がよろしくない。お互い離れ難く、格子に顔を突き合わせている。で、格子に顔を押しつけたもんだから、跡がついた。気持ちは「ＯＫ」でも、懐具合がよくないと、恋人とゆっくり話もできないのが吉原だ。

お見立てをして相手が決まると、安い店はともかく、そこそこの格式の店だと、初会は会って話をするだけ。現代の男女関係でもそうだろう。最初のデートでいきなりベッド・インする奴は、いるかもしれないけれど、少ない。

二回目は「裏を返す」という。これも会って話をするだけ。お互い話をして、趣味嗜好なんかが合うのかを探り合う。容姿や雰囲気だけで、深い関係にはなれないものだ。で、三回目から「馴染み」になる。これで恋人関係が成立し、「馴染み」になってはじめて一夜を過ごす。

「裏を返さないのは客の恥、馴染みにならないのは遊女の恥」なんていうことを言う。

これも現代の男女関係と同じ。一回目のデートでちょっと合わないかなと思っても、二回目くらいまでは男性はデートに誘うものだ。二回デートして、やっぱり合わないとなれば、三回目は男性のほうから「ごめんなさい」もありだろう。

吉原も同じ。裏を返すのは、男性側のある意味礼儀だけれど、「馴染み」になるかならないかは、男性が決めていい。

そんな初会、裏で、結構なお金を使っているのに、馴染みにならなきゃ損だ。果たしてそうか。馴染みになれば、その先もずっと、その遊女に金を使うことになるんだ。恋人同然の関係になるんだからね。初会、裏で気が合わなければ、そこでやめればその女にそれ以上の金は使わない。そのほうが利口な選択なわけだ。

そうやって馴染みになって、遊女と恋人同然の関係になるわけだが、だからといって、いつ行っても、関係が持てるというわけではない。

一人の遊女に客は大勢。一晩に複数の客が来れば、当然、「待たされる」のである。そして、遊女も人間だ。好みや、感情もある。好きなお客のところには長時間いるが、どうもこの人はそんなに好きでもない、というお客のところは短時間で切り上げる。あるいは、ちょいと顔を見せて、朝まで来ない。酷(ひど)いのになると、顔も見せない。遊女が「客をふる」ということがあるのが、江戸時代の女遊びの鉄則なのだ。江戸時代の遊女屋、とりわけ吉原では、「遊女が客をふる」などということは日常的にあった。

落語「明烏(あけがらす)」で、「大一座ふられた奴が起こし番」という川柳が紹介される。吉原には一人で来る客もいるが、仲間と一緒に来る奴もいる。ふられた奴は、朝は手持ち無沙汰だから、一緒に来た仲間が、ふられたのかモテたのか、部屋をのぞきに行ったりする。

「どうだい、女は来たか」

「来たよ。来たはいいが、ちょいと私、おしっこ行ってくる。行ったきり朝まで戻ってこない。そんな長い小便があるか。聞いたら丑(うし)歳生まれだった」

こんな会話はまだ牧歌的だ。

お見立て

吉原の花魁(おいらん)、喜瀬川は、田舎者の客の杢兵衛が嫌い。病気だと嘘を言って、杢兵衛の座敷に出ない。

喜瀬川が病気と聞いた杢兵衛が見舞いに行くと言うので、

「しょうがないねえ。なら、死んだと言っておやり」

とうとう若い衆に「死んだ」と嘘をつかせる。つまり、「二度と来るな」と言っているわけだ。ずいぶん、嫌われたね。杢兵衛は田舎のお大尽、つまり金持ちで喜瀬川に金も使っている。だが、田舎者で、土臭くて、粋な会話のひとつもできない。

「年季が明けたら夫婦になろう」と言うのだが、田舎の訛りで「ひーふになろう」と聞こえる。女の「好き、嫌い」は金だけじゃないんだよ。

喜瀬川は死んだと聞いた杢兵衛は、

「喜瀬川、おっ死(ち)んだか。墓はどこだ」

「へえ、山谷です」

「山谷なら近くだ。墓参りに行くべえ」

うっかり若い衆は山谷だなんて言ってしまった。これから、杢兵衛と若い衆は寺に行くが、喜瀬川の墓なんかない。

五人廻し

比較的低料金の遊女屋、廻し部屋という、薄い壁で仕切られた三畳ほどの座敷で、客はただ女が来るのを待つ。時々、若い衆が見回りに来るので、若い衆を摑まえて文句のひとつも言うという落語。

「喜瀬川さんはまもなく、お回りになります」

そう言う若い衆に、

「おまわりもチンチンもあるか。掃除の検査待ってるんじゃねえぞ」

「五人廻し」は明治から大正、昭和のはじめくらいの話で、その時代の風俗も描かれているが、こういうことは江戸時代からおそらくあったのだろう。「ふられた」経験のあるお客には、今でいう「あるある」ネタ的な面白さがあった。

怒る客、泣き落としにかかる客、暴力をふるう客などさまざま。そして、客は言い出す。

「玉代返せ」

現代の風俗産業で金を払ってサービスを受けられない、などということはない。ところが「玉代返せ」、これは吉原では禁句だ。そんなことを言う客は「野暮（やぼ）」と笑われる。

「ふられる」のも遊びのひとつ。

金を払えばいいっていうもんじゃないんだ、吉原は。女との駆け引きを楽しむ。ただの売春施設ではなく、恋愛シミュレーションのテーマパークなのだ。男性は金も使うし、男も磨かなきゃならない。そうやって女にモテる術（すべ）を身につける、恋愛ごっこを楽しみながら、人生の修業をする場所が吉原なのだ。

三、花魁はグラビアアイドル

先にも出てきたが、吉原の遊女のことを「花魁」という。

なんで花魁というのか。本来は最高位の遊女数人を花魁と呼んだが、形骸化し、私娼の遊女に対し、吉原の遊女が花魁と呼ばれるようになった。

また落語家は、マクラでこういうことを言う。狐狸は尾で人を化かす、吉原の遊女は口先と手練で男を化かす、尾は使わない、尾はいらないから「尾いらん」。さらに、「花魁」という字は、吉原に通い過ぎると悪い病気になり、「鼻（花）が先に欠ける（魁）」から。嫌な話だね。

江戸中期、印刷技術が進歩した。極彩色の浮世絵が刷られて販売されるようになる。江戸の版元たちは美人画を多く製作した。喜多川歌麿ら美人画の名人も多く輩出し、「錦絵」として流行した。モデルとなったのは一般女性もいたが、花魁や、歌舞伎役者も多かった。

実際に、吉原に足を運ぶことがなくても、錦絵を買って、花魁のことを知っている江戸の若い男性は多くいた。また、女性も錦絵を買った。着物や髪飾り、櫛笄などの装飾品なんかを真似た。錦絵に描かれた、着物や装飾品が流行した。

平賀源内もお洒落な櫛を考案、製作し、丁子屋の雛鶴花魁の櫛で飾った錦絵を描かせ、源内櫛をヒット商品にしている。

錦絵に描かれる花魁や歌舞伎役者は、江戸のファッションリーダーでもあった。錦絵が売れる。江戸中の人気を集める。花魁はある意味、現代でいうグラビアアイドルみたいなものだった。

幾代餅

主人公は、搗米屋の清蔵。

搗米屋は精米業。ペダルを踏んで杵を動かして、玄米を搗いて精米する仕事。清蔵は搗米屋で働く真面目な青年。その清蔵が病にかかった。医者が「普通の病ではない、心に何か想うところがある」と言うので、主人が話を聞いてみるに、恋煩いだとわかる。

恋煩いの特効薬はただひとつ、その恋を成就させることだ。問題は相手だ。近所の娘ではない。吉原、姿海老屋の幾代太夫という松の位の花魁だ。真面目な清蔵は、花魁をどこで知って惚れるに至ったのか。

なんと、錦絵を見たのだという。早い話が、グラビアアイドルの写真集を見て、彼女に恋煩いしちゃった、と同じことだ。果たしてこの恋は成就するのか。

　主人は言う。

「相手は売り物買い物だ。銭を貯めて吉原に逢いに行けばいいんだ」

　そこがグラビアアイドルと花魁の違いだ。グラビアアイドルは握手会まで。花魁は金さえ払えば一夜をともにすることもできる。いや、これは主人の詭弁だ。前項でも書いた。花魁は金だけではどうにもならない。吉原を現代の風俗業と考えると大きな間違い。金さえ払えば誰でも遊べるというところではない。しきたり、格式……、それだけじゃない。遊女の気持ちも大切なのだ。

　清蔵が惚れた幾代太夫、彼女は大店（おおみせ）の松の位の太夫職。俗に大名道具と言われた花魁だ。大名や、それに匹敵する金持ちが遊ぶための花魁なのである。対する清蔵は搗米屋の奉公人。

　それでも清蔵は、主人に言われるまま三年間脇目もふらずに働き、金を貯める。三年経った。もう幾代のことなんか忘れているはずと思ったのは主人の誤り。すべては幾代に逢うために、寝食忘れて働いて金を貯めたのだ。

　貯めちゃったんだからしょうがない。主人も今さら、あれは詭弁だとは言えない。吉原に詳しい医者の藪井竹庵をガイド役に雇い、野田の醤油問屋の若旦那と偽り、ようやく幾代太夫に逢うことができる。

何もわからぬままに夢のような一夜が過ぎて。

「ぬし、今度いつ来てくんなます」

と言う幾代に清蔵は、

「三年経たないと来られない」

自分が実は搗米屋の奉公人で、三年働いて金を貯めてきたことを明かしてしまう。三年間も想い続けた、想い続けて働いた。幾代に逢うことだけを楽しみに。そして、三年後にまた逢うために働くと言う。そんな想いが幾代に通じたのか。幾代は来年三月の年季明けに清蔵のもとに訪ねてきて、二人は夫婦になり、餅屋を開業したという。

オタク青年が、グラビアアイドルとの恋を成就させて結婚に至ったという話。類似の話に「紺屋(こうや)高尾」がある。主人公が紺屋の職人の久蔵。相手の花魁が、三浦屋の高尾太夫。恋煩いの原因が、錦絵でなく、吉原に夜桜見物に行き、高尾太夫の花魁道中を見てしまったこと。錦絵でグラビアアイドルというのがわかりやすいが、花魁道中でも意味は変わらないだろう。

高尾太夫というのは実在の人物で、初代は武州高尾の美女谷の出身というから、中央線で行く高尾山のあたりの人。美女谷は「古来美女を産す」と言われた地で、「小栗判官」

の照手姫もこの地の出身だそうだ。二代目は仙台侯に身請けされたが恋人、島田重三郎に操を立てて殺される。落語「高尾」「反魂香」、講談「伊達騒動」などに登場する。紺屋高尾は三代目になる。

ちなみに「紺屋高尾」は今でこそ、純愛を描いた人情噺として、真打ネタで知られているが、もともとはバレ噺だった。高尾と久蔵が結ばれ、久蔵は暖簾分けをしてもらい紺屋の店をはじめる。高尾自ら藍の入った瓶にまたがって染める。客は高尾の×××が藍に映りはしないかと瓶をのぞいて……などという噺は今はやる人はいないだろう。

関東大震災の後、初代篠田實の浪曲でも大ヒットした。「遊女は客に惚れたと言い」「水に映りし月の影、手に取れざると知りながら」などの名文句が流行し、パロディも多く作られた。

ちなみに「幾代餅」は古今亭が演じ、他の流派は「紺屋高尾」を演じている。

盃の殿様

高尾や幾代を大名道具だなどと言ったが、大名だってそうそう気楽に吉原に遊びに来られるものではない。

中国は宋の八代皇帝徽宗は遊女遊びが好きで、宮殿と妓楼の間にトンネルを作って通ったという。日本にはそこまでスケールの大きい大名はいない。

むしろ、殿様は吉原の存在すら知らない。だから、側近と称する奸臣(かんしん)にいいように騙される。

「高尾」の仙台侯、伊達綱宗は、奸臣、原田甲斐の手の者たちが吉原へ連れ出し、高尾と知り合う。

「盃の殿様」は茶坊主が殿様に錦絵を見せる。

「余はこの女に会いたいぞ」

殿様が言えば、家来は差配しないわけにはいかない。

落語の中で、殿様の本寸法の遊びが描かれる。

槍、鉄砲、薙刀(なぎなた)で武装した三百六十人の家来を従え……、冗談ではない。吉原に行くのも行列を仕立てて行くのだ。大門まで来ると、三十人の近習を連れ、残りの三百三十人は大門に控える。

大名の遊びは使う金も半端ではない。

四、若者と吉原

「弔いが　山谷と聞いて　親父行き」という川柳がある。

山谷は吉原と目と鼻の先。寺の多いところだから、葬式もある。若い者に香典の使いを頼もうものなら、いくらかちょろまかして、そのまま吉原へ、などということがあるから、しょうがない。山谷の葬式は親父が出掛けなきゃならない。

いつの時代でも、若者は吉原に行きたがる。

そういうものである。

明烏

日本橋田所町に住む日向屋の息子の時次郎は、真面目一筋。いつも部屋に籠っては『論語』を読んでいる。たまには外に遊びに行くように言ったら、町内の初午の祭りに行き、子供たちと太鼓を叩いて、赤飯をご馳走になって帰ってきたという。

商家を継ぐのであるから、世間知らずでは駄目だ。父親は心配し、町内の札付きの源兵衛と多助に、時次郎を吉原に連れていってくれるよう頼む。

もちろん勘定は日向屋の主人が持つのだから、源兵衛と多助は大喜び。ご利益のある稲荷社があるので、お籠りで参詣に行こうと誘い出す。

「明烏」は時次郎という若者の「はじめての吉原」を描く、現代人には廓ガイド的な面白さもある一席だ。八代目桂文楽が、このドタバタ喜劇を粋に聞かせた。

まず、時次郎が源兵衛、多助に誘われ、稲荷社にお籠りに行くと父親に言う。父親は相応の金を持たせる。

「あのお稲荷様はお賽銭が少ないとご利益が薄い」

これは常識、第一条件。

さらには他所(よそ)行きの着物に着替えるように言う。

「形(なり)が悪いと、あのお稲荷様はご利益が薄い」

つまり、吉原でモテるためには、形がいい、お洒落でないと駄目だということだ。遊女といえど女だから、容姿のいい男のほうがいいし、お洒落な男のほうがモテるのは必定だ。

源兵衛、多助と会い、三人は「中継ぎ」という、料理屋に行って酒を飲む。軽く飲んで、食事をして、ほどよい時間に吉原へ繰り込もうというのだ。

一行は日本堤から衣紋坂を下り大門へ。そのあたりの景色も描かれる。

大門をくぐると、まずお茶屋へ行く。昔は、芝居でも、相撲でも、吉原でも、お茶屋というシステムがあった。芝居や相撲なら席を予約してくれて、弁当や土産なんかも手配してくれるのがお茶屋。芝居茶屋は、今はなくなったけれど、相撲茶屋はまだある。

吉原は、大店の遊びはお茶屋を通さないとできなかった。お茶屋から連絡が行き、店のほうでも座敷や女の子を用意して待つ。

源兵衛と多助は、お茶屋をお巫女さんの待機所かなんかと言ってごまかすが、さて、流石に店に行けば、いくら時次郎が世間を知らないからって、わかるというものだ。

「稲本、大文字、角海老、品川楼、大店でございます。幅の広い梯子段をトントントンと上がると廊下も広く、向こうまで見渡せる。花魁は、文金、赤熊、立兵庫という髪で、部屋着を着ている。左手で張り肘をいたしまして、右手で褄（裾の左右両端）をとります。厚い草履を履いて廊下をパタリパタリ、誰が見たって、ここがお稲荷さんじゃないことくらいはわかる」

さぁ、それからが大騒ぎ。

「源兵衛さん、多助さん、こ、ここは吉原というところじゃございませんか？　お稲荷様のお籠りだなんて騙してこんなところへ連れてきて」

時次郎、とうとう泣き出した。

「若旦那、泣いちゃいけねえ。これはね、お父つぁんも承知なんだ」

「親父が何を申したのか知りません。親戚は固い者ばかり。このようなところに来たことが知れたら、何を言われるか」

それから座敷で、花魁や芸妓を呼んで陽気に騒ぐところが、座敷の隅では時次郎がべそをかいているという有様。

「酒を飲んでもうまくないよ。めそめそ泣かれちゃ、まるでお通夜だ。何を笑っているんだよ。初心（うぶ）でいい？　何を言ってやがる。若旦那が泣いて、おばさんが笑って、俺が怒ってりゃ世話がない」

見るに見かねたおばさんが連れ出そうとすれば、

「やめてください。花魁の部屋なんかに行ったら、瘡（かさ）をかきます」

「瘡をかく」は性病にかかるという意味だ。

そこは、餅は餅屋、おばさんが連れ出し、花魁の部屋へ。

「そんな初心な若旦那なら、私が是非お相手を務めたい」

浦里（うらさと）という十八歳の花魁が、時次郎をお見立て。

ここまでが「明烏」の前半。

「明烏」の主人公は、浦里と時次郎。これは新内の「明烏夢泡雪（ゆめのあわゆき）」の主人公の名前を借りた。明和六（一七七六九）年七月三日、三河島で起こった伊勢屋伊之助と吉原の遊女、三芳野の心中事件を題材に、初代鶴賀若狭掾によって作られた。

　新内の物語は、わりない仲となった時次郎と浦里。店の主人は心配する。時次郎が、親や店の金を使い込んで浦里に入れあげているのではないか。そこで現代でいう「出禁」、時次郎を店から追い出して、二度と来ないよう言い聞かせる。そして、浦里と禿のみどり、禿というのは花魁見習いの少女、花魁の身のまわりの世話なんかをする。浦里とみどりを雪のなか、木に縛りつけてしまう。しかし、真夜中、時次郎が塀の忍び返しを壊して現われ、浦里とみどりを連れて逃げる。だがそれは浦里の見た夢であった。

　なんとも切ない遊女の話が、落語だと滑稽な若旦那の童貞喪失譚になる。

後半。「その明日ふられた奴が起こし番」

源兵衛と多助はふられて、時次郎が泊まった浦里の部屋へ。次の間つきの立派な部屋だ。ここが肝心。妓楼は誰が金主かを心得ている。ゆくゆくご贔屓にしてくれるのは、支払いをする人で、だから時次郎のほうが、馴染みの源兵衛、多助よりも待遇がいい。

父親が、形が悪いとご利益が薄い、と言ったのは、遊女にモテないということもだが、みすぼらしい着物だと、店側の待遇も悪くなるという意味もあったのだ。もちろん、時次郎の懐には父親が持たせたお賽銭もふんだんにある。

　次の間の向こうに屛風もある。それをどかすと、時次郎と浦里が同じ布団にいて、

「結構なお籠りでした」

そういうことだね。

多助は花魁の部屋の鼠入らずを勝手に開けて、甘納豆を食べる。この仕草も落語では見せ場。

翌朝の風景も含めての「時次郎、はじめての吉原」は完結する。

五、ひやかし

「ひやかし千人、客百人、間夫（まぶ）は十人、恋一人」なんていう言葉がある。

「ひやかし」というのは妓楼には上がらない。張り店に並んでいる綺麗な女の子を見て歩くだけでも楽しかったりする。第一お金は一銭もかからない。

吉原をひやかして歩いて、そこから千住まで行って安価な遊女を買う、などという人もいたらしい。

吉原だけでなく、一般的な買い物でも、買わないで見て歩くことを「ひやかし」という。

語源は、山谷に紙漉き職人（紙のリサイクル業）が多くいて、再生紙を作る工程で煮詰めた紙を冷やさねばならず、冷やすまでの時間が暇だったので、吉原をぶらぶら歩いて時間潰しをしたところから「冷やかす」という言葉が生まれたという。

実際に妓楼に上がって客となるのは、ひやかしの客の十分の一くらい、で、客のうち、遊女と相思相愛で「間夫」だなんて呼ばれるのは、さらにその十分の一。そして、遊女がホントに好きな男は一人しかいなかった。

二階ぞめき

吉原の客は女性が目当てで、ひやかしの客だって、格子越しでも、女の子とコミュニケーションを楽しみたくて来る。

ただ、なかには、女よりも吉原が好きという変わった人も出てくるのが落語。

「二階ぞめき」の主人公の若旦那は、金に糸目はつけないってんで、家の二階に吉原のミニチュアを作っちゃった。大工も面白がって、本物そっくりに凝りに凝ったものをこしらえた。

早速、二階にひやかしに行こうっていうんだが、

「おい、ちょっとそこの箪笥（たんす）から着物出してくれ」

「着物出してどうなさる」

「着替えるんだよ」

「二階に行くのに着物を着替える人がいますか」

「吉原に行くんだ。それなりの形で行かなきゃ駄目だ。それだ、それだ、それをこっちに寄越しな」

「これはなんです」

「古渡唐ざんっていうんだ」

古渡唐ざんは、室町時代に中国から来た綿の着物。それ風に仕立てたものだ。唐ざんは普段着のお洒落着っぽい着物で、ひやかしにはひやかしの形がある。

さらには手拭いで頬かむり。吉原にひやかしに行っている時に、知っている人と会うと面倒だから。自分の家の二階に行くのに頬かむりする奴はいない。

「おっ、行灯に灯りが入って、張り店もある。誰もいないのは寂しいが、たまにはこんな晩もあるよ。物日で、大引け過ぎだ。犬の遠吠えや、按摩の笛が聞こえる。しーんとしたところをひやかすのもいいねえ」

しーんとしているわけだよ、家の二階だ。

「卵売りが欲しいね、あと、すがきの三味線だ。すがきと『卵卵』で幕が開きってんだ」

すががきとは、吉原の営業開始を知らせる賑やかな三味線だ。

「大門くぐると四郎兵衛の番所がある。引き手茶屋の山口巴がちゃんとある。左の伏見町、江戸一、江戸二、この辻を間違いの辻っていうんだ。その昔、松の位の太夫さんがあすこに床机を置いて、緋毛氈を置きの、禿を連れて、待つ。待たれるようになったら死んでもいいね。春になったら桜を植えてもらおう。道中しよう。江戸町から京町まで、江戸から京へ行くから道中だ」

四郎兵衛の番所は、吉原の元締、三浦屋四郎兵衛が作った番所。吉原での揉め事の調停や、脱走する遊女を見張ったりもした。「明烏」の時次郎が止められると脅されるのは、この番所のことである。

大門くぐって、真ん中のメインストリートが中之町、すぐ左の道筋が伏見町、その先は右が江戸町一丁目、左が江戸町二丁目で、略して、江戸一、江戸二と呼ばれた。さらに進んで、左が堺町、その先は左が角町、右が揚屋町、一番奥の筋が、左が新町、右が京町。吉原の花魁道中は、江戸町から京町まで、東海道に見立てた道中になる。

花魁道中とは、もともとは揚屋に上がった客が花魁を呼ぶ時に、デモンストレーション的に派手に歩いていったもの。揚屋とお茶屋は似たようなものだが、揚屋のほうが格上で、揚屋にはわざわざ花魁が迎えに来て、花魁と一緒に店へ行く。キャバクラの同伴か。それの桁違いに豪華なやつ。

花魁が揚屋に行く時に、新造や禿、若い衆も大勢引き連れて、豪華な衣装で飾りつけて道中して行ったわけだ。それこそ、大名や豪商でなくては、そんな遊びはできない。

もともとは、もっと普通に簡素なものだったらしいが、何ごとも派手好みな吉原で、お客も見栄を張りに来るから、どんどん豪華になっていった。

豪華な道中を見ようと人が集まり、それがまた錦絵に描かれたりして、宣伝になった。だが、花魁道中を見ようと集まる客はほとんどが、ひやかしだ。なかには花魁道中の太夫に一目惚れして客になる紺屋の久蔵みたいな男もいた。それでも人が集まることで、飲食店なんかも儲かるし、吉原が活気づいた。道中はじめ、いろんな「しきたり」があるところも、吉原と他の四宿、岡場所などの私娼との差別化にもなっていたのだろう。

山崎屋

山崎屋の若旦那が、吉原で道楽三昧。金がなくなると、番頭を強請（ゆす）って金をせびる。番頭も店の金をごまかして妾（めかけ）を囲ったりしているから、強請られれば金を出すしかない。とはいえ、それを続けていたら、いつかは主人にバレて身の破滅。この番頭はかなり利口な奴だった。番頭は若旦那に花魁の身請けをすすめる。

花魁を身請けして町内の鳶の頭に預ける。頭の女房の妹で、屋敷奉公をしていて、嫁ぎ先を探していると山崎屋の主人に持ち掛ける。相応の仲人を立てて若旦那と夫婦にしてしまえば、若旦那も道楽を止めるという。

やがて、主人は若旦那夫婦に店を譲り、隠居ということになる。元花魁の、今はお花となった嫁はかいがいしく義父に仕えている。

もとより松の位の花魁であるから、教養がある。うまく話も合わせるから、義父は元花魁とは気がつかない。

「お花や、お花」

「なんざますか」

「ざます」っていうのは、今は山手の奥様言葉のようだが、昔は花魁が使った。でも、そんなことは、主人は気がつかない。屋敷奉公で身についた武家言葉だと思っている。

「実はこの間、床屋で聞かれたんだ。お宅のお嫁様は屋敷奉公をなさっていたそうですが、どちらのお屋敷でございましょうってな。私は返事に困った。お花、お前はどこのお屋敷にご奉公していたんだ?」

「北国ざます」

北国とは、江戸の北に位置する、すなわち吉原のことであるが。

「北国……というと、加賀様か。百万石のお大名だ。ご家来もたくさんいるでしょうな」

「三千人ざます」

吉原の遊女はざっと三千人いた。

「たいしたものだ。参勤交代の道中も大変だろう」

「道中はいたします」

「お駕籠でか？」

「いいえ。乗り物は使いません」

「乗り物なしで歩いてか？　それは大変だ。結付草履を履いてか？」

「いいえ、高い三歯の駒下駄で。最初は伊勢から尾張、大和、長門、長崎で」

花魁道中でそういう屋号の店の前を通る。

とんだ道中違い。かみ合わない会話が面白い。

ひやかし千人というが、ひやかしにも行かない人もずいぶんいたのだろう。遊びに行かない人にとっては、未知の場所でもあったようだ。

六、なぜ女は遊女になったのか

なぜ、女たちは春をひさぐ遊女になったのだろうか。

たいていは金のためだ。

「金が敵の世の中よ」とはよく言った。たいていは親が売るんだ。娘を身売りした金で家族が糊口をしのぐなんていうことは、江戸時代だけの話ではない。昭和の頃まで続いた。

文七元結

左官の長兵衛は博打に凝って借金まみれ。暮れのある日、細川の中間部屋の博打で着物まで取られ、半纏(はんてん)を借りて、本所達磨横丁の家に戻ると、娘のお久がいなくなっていた。しばらくして、吉原の遊女屋「佐野槌」から使いの者が来る。

長兵衛は腕のいい左官で、博打をやめて働けば、借金などすぐに返せる。お久が佐野槌に身を売り、当面の借金を返済すれば、一年も経たずに長兵衛は社会復帰ができる。

博打で作った借金を娘が身売りした金でなんとかしようなんて、とんでもない話だ。

でも「文七元結」は多くの落語家が演じている名作の人情噺で、歌舞伎でも上演されている。

佐野槌の女将は、長兵衛が腕のいい左官であることを知っていて、五十両を用意する。そして、一年間の猶予を与える。長兵衛の腕をもってしたら、五十両は一年で返せるはず、その間、お久は店には出さない。

長兵衛は躓(つまず)いた人間なんだよ。失敗した。博打に凝った。最悪なんだけれど、でも世の中は長兵衛を見捨てないんだ。お久も佐野槌の女将も、このあとに登場する萬屋の主人も。このあと、五十両を懐に本所へ帰る長兵衛が吾妻橋の上で文七という若者と会い、話はさらなる展開を見せる。

親のために身を売る娘はよくいた。

落語「ねずみ穴」では、火事で財産を失った竹次郎が再起の資金のため、娘を吉原に売る。この時、親孝行の徳で、まだ少女の娘に妓楼は二十両の金を出す。

落語、講談の「柳田格之進」では父親の名誉のため、娘が吉原に身を売り、五十両作る。武士の娘は辛酸を舐めるよりも名誉が大事だ。

関取千両幟

なかには、夫のために身を売って金を作る女房もいた。

義太夫の「関取千両幟(せきとりせんりょうのぼり)」だ。

上方相撲の猪名川は江戸に出て活躍、大関になる。上方に凱旋するが、昔世話になった若旦那のために二百両の金がいる。西の大関、鉄ヶ嶽駄駄右衛門は猪名川に八百長を持ち掛ける。勝ちを譲れば、若旦那のための金を出そうというのだ。

「魚心あれば水心、頼むことも頼まれることも今日の相撲が終わってから」

鉄ヶ嶽は西の大関、まともに戦っても勝てると決まった相手ではないが、わざと負けるのは相撲道に背くことだ。とはいえ、二百両なければ若旦那への義理が立たない。

悩みながら相撲場へ向かう猪名川。「猪名川」「鉄ヶ嶽」、それぞれの贔屓からの声援が飛ぶ。お客は大関同士の真剣勝負を楽しみにしている。行司の軍配が返る。鉄ヶ嶽が両まわしをとって押していく。俵に足が掛かったその時に、

「進上金子二百両、猪名川様へ、贔屓より」の声が聞こえた。

とたんに猪名川、もろ差しになったかと思うと、そのまま鉄ヶ嶽を土俵に転がした。

これさぁ、八百長で勝つと思っていたから、鉄ヶ嶽は油断してたんだろうね。

どこの旦那が二百両なんていう大金を出してくれたんだと思うと、なんと、女房のおとわが身を売って作った金だった。猪名川は女房のおかげで相撲道を曲げずに済んだと礼を言い、北に向かう駕籠を見送る。

千両幟って題だから。そのあと、江戸の贔屓が千両持ってきて、めでたしめでたし、となる。

お直し

元遊女のおばさんと若い衆の夫婦。夫婦で稼いだ。生活に余裕ができる。余裕ができると魔が刺す。これが人間の性（さが）だ。亭主が博打に狂い、仕事を休み、銭を使う。ほうぼうに借金ができ、店もクビになる。そうなってはじめて気づく。

「目が覚めた」

この一言、ホントに重みがある。もう少し早く目覚めてほしいんだ。なかなか人生そうはゆかない。

それでも亭主は再起に賭ける。羅生門河岸に店を借りるのというのだ。

表はきらびやかな吉原にも裏がある。そこは、羅生門河岸、あるいは蹴転（けころ）ともいわれる。畳が二畳あるだけの部屋で、ただことにおよぶ。それだけの空間。料金は二百文（約五千円）と安価だが、情も粋もない。まともな客は行かない。銭がないのにことにおよびたいだけの男か、あるいは酒に酔って迷い込んだ男くらいだ。

その迷い込んだ男を狙い、若い衆が片腕で客を引っ張り込む。羅生門で片腕を切り落とされた鬼みたいな若い衆が、そんな客たちを争奪する。だから、羅生門河岸という。店の中に客を足蹴りで転がして入れるから蹴転だ。

「お前さんに蹴転で商売ができるのかい」

「できるのかいって、やらなきゃしょうがないだろう」

「で、遊女はどうするんだい」

「遊女はお前がやるんだ」

「なんだい、私はお前さんの女房だよ」

最後の最後に、人間はどう生きるかが問われる落語だ。自分の女房を遊女にする。もうそれしか浮かび上がる方法がない。そこまで追い詰められた夫婦の苦渋の選択なのである。

「盗人するんじゃないよ。我慢してやろう」

と男は口では言うけれど、本音は違う。こうなると女のほうが強い。諦めてしまえば、どうということはないのだ。それが女なんだろうね。

親のため、夫のため、そんなしわ寄せを食うのが女だ。

なかには、自分から遊女になろうっていう女はいないのか。

新作落語にある。脚本家の金子成人が春風亭小朝に書いた「元禄太陽伝」。五明楼玉の輔や春風亭勢朝ら小朝一門でやっている人もいる。主人公は自分から吉原に身売りしたという女で、この女が赤穂義士の大石主税（ちから）とわりない仲になるという名作。

新作落語だとこういう女も出てくるが、男を手練で騙したたかな女も、元は不幸ないきさつで売られた女なんだよ。

七、女たちはどこへ行くか

遊女の定年、というか吉原では、だいたい二十八歳くらいで年季明けとなる。

今の二十八歳じゃない。人生五十年といわれた頃の二十八歳で、その頃は二十七、八歳が乙な年増と呼ばれ、三十過ぎは大年増といわれた。

では、年季が明けたら、女たちはどうしたのだろうか。

親に売られたのだから、親の家に帰るというのもあるだろうが、親はもう死んでいたり、兄弟が家を継いでいたりすると帰りづらかったりもする。

贔屓の客と所帯を持つ、などということはあったのか。

「紺屋高尾」や「幾代餅」は一途に思い込んでくれた男性と夫婦になる、遊女から見てもハッピーな物語だ。現実はどうか。

「年季が明けたら　お前のもとへ　きっと行きます　断りに」なんていう川柳がある。遊女が客に、「年季が明けたら夫婦になろう」と言うのは、客を繋ぎ止める手練のひとつでしかないのだ。

三枚起請

唐物屋の若旦那の猪之助が吉原で遊んで困っていると親に泣きつかれ、大工の棟梁が猪之助に注意をする。

唐物屋というのは、今でいう輸入雑貨商。唐というのは中国だけでなく、外国の物品全般を唐物といった。鎖国していても、出島を通じてわずかだがヨーロッパや中国の製品は入ってくるし、それを模した製品は作られる。いつの時代でも外国製品への憧れはあるから儲かっていたのだろう。

猪之助は吉原に通うのは遊びではなく、喜瀬川という花魁に本気で惚れていて、年季が明けたら夫婦になる約束もしている。それが証拠に起請誓紙（きしょうせいし）を交わしたのだという。

起請誓紙とは、約束証書とでもいおうか。商取引の契約書ではないから法的な制約はないが、熊野神宮で販売している紙に書くから、神に誓う約束である。

「ひとつ起請文のこと、私こと来年三月年季が明け候えば、あなた様と夫婦になること実証也、新吉原江戸町二丁目朝日楼うち、喜瀬川こと本名みつ」

起請文を読んだ棟梁は、

「その喜瀬川って女は、元は品川にいなかったか？　年齢は二十四、色の白い、鼻の高い、目の下に黒子があって」

「耳が二つある」

なんと棟梁も、同じ女から同じ文面の起請文をもらっていた。

「当たり前だ」

「俺は、この女が品川にいた頃からの馴染みだ。俺がカカアをもらわずに独身でいるのはこの女との約束があるからだ」

あらら、大変な話になった。このあともう一人、起請文をもらった男が現われて、三人で喜瀬川のもとに談判に行く。

熊野神宮の起請誓紙は江戸にも熊野の分社があって買えたというから、こんな風に起請文で客を繋ぎ止めた女はいくらもいた。

なかには、起請文では信じてもらえないからと、指を切り落として渡す遊女もいた。もっとも指は十本しかないし、切れば痛いから本当には切らない。指のレプリカを作る職人が吉原の近くにいて、売りに来ていたらしい。
次にお客が来た時に指があるから、「生えた」と言ってごまかしたりもした。

子別れ

「子別れ」は別れた夫婦が子供のおかげで復縁する話であるが、夫婦の別れる原因となったのは遊女である。

熊五郎は隠居の葬式の帰りに吉原へ行き、旧知の遊女と会い、わりない仲となる。朝帰りをした熊五郎は女房と喧嘩になり、女房は子供を連れて家を出る。

そこへ遊女が、年季が明けたからと訪ねてくる。

古女房と違って、派手な吉原の女だから、最初のうちは楽しいのだが。

「手に取るな　やはり野におけ　れんげ草」

朝も寝ていて、飯も炊かない。

「おまんまなんて炊いたことがないよ。おまんま炊くんだったら、お前さんのところなんか来ないよ」

小さい頃から遊女暮らしでは、飯の炊き方を知らないのもしょうがない。

飯が炊けないくらいいじゃない。寝床から、ほとんど起きてこない。便所に行くのも面倒臭いからって、台所の隅で用を足す。そのうち、プイと出ていっていなくなる。

そこではじめて熊五郎は目が覚める。

熊五郎は目が覚めて、子供のおかげで前の女房と復縁するのだが、プイと出ていった女はどうなったんだろうかね。


花魁のその後はいろいろだ。

豪商に身請けされて、妾になった者もいた。そういう場合は、相手は老人の場合が多いから、いくらいくら残しておくように先に遺言を書かせて、老人亡き後、小商売をして暮らした女もいた。これはしたたかなんじゃない。生きるための術だ。

二代目高尾は仙台侯に身請けされたが、言い交わした夫の島田重三郎に操を立てて、仙台侯の言うことを聞かなかったため、船の上で惨殺される。島田重三郎は剃髪し、土手の道哲（どうてつ）となって、山谷に庵を結び、高尾の菩提を弔った。落語「反魂香」に描かれる。道哲の庵がのちに西方寺となり、吉原で死んだ遊女たちが弔われた。西方寺は戦後、西巣鴨に移転したが、二代目高尾の墓は今も残っている。

吉原ではなく千住の遊女だが、「今戸の狐」に出てくる女は、今戸に住む小間物屋と所帯を持ち、狐の置物の彩色のアルバイトをして幸福に暮らしている。

とはいえ、行き場のない女も多くいた。「年季が明けたら所帯」は遊女の手練だけでなく、実は男たちもモテたいためにそんなことを言ったりしていたのだ。

年季が明けて訪ねていったら、女房がいたとか、堅気の家に遊女上がりの女は入れられないと追い返された女もいくらもいた。

また、借金が返せずに、他の店に住み替える遊女もいた。吉原から、千住、品川、板橋、内藤新宿といった四宿や、根津や深川の岡場所へ移るのだ。吉原で需要がなくても、ランクが下の四宿や岡場所、それこそ吉原でも羅生門河岸なら需要があった。そして、そこでも年季が明けて行く場所がなければ、街道の宿場女郎になったりもした。

「根津や谷中でお茶引くよりも、故郷(くに)で田の草取るがいい」

これは二上がり新内の文句。根津や谷中には私娼窟があった。そこで、お茶を引く、つまり客がつかない、そうなるよりは百姓仕事のほうがいい、という意味だ。おそらく女たちは、帰れるものなら親のいる故郷に帰りたかったのだろう。

八、大騒ぎ、馬鹿騒ぎ

吉原は楽しいところらしい。

「遊びに行く」と言えば、遊女買いのこと。その本丸が吉原になる。

一人でそっと遊びに行くのも楽しいが、大勢で行くというのもあった。

「三枚起請」で茶屋の女将が言う。

「一人ずつ来るから騙されるんですよ。今度は一緒にいらっしゃい」

三人で来ても騙されるんだが、友達同士で吉原へ行くというのは、モテた、モテない、翌日も話題にこと欠かず楽しかったのだろう。

蛙の女郎買い

上野と吉原の間は、昔は田圃だった。

田圃を突っ切って吉原に行く人も多くいて、楽しそうに走っていく。

「楽しそうに走っていくが、あいつらどこに行くんだ」

「吉原に行くんだ」

「ずいぶん楽しそうだな。吉原ってえのは楽しいのか」

「そら楽しいに決まっているだろう」

「俺たちも行って遊びたいものだな」

「それじゃ、皆で、吉原に遊びに行こうじゃないか」

って会話をしているのは、田圃に住んでいる蛙たち。

蛙の一行が吉原に遊びに行った、なんてえ落語もある。

錦の袈裟

「おい、面白くねえことができ上がった」

「どうしただ」

「夕べ隣町の連中が吉原（なか）へ繰り込んでよ、お引けって時に皆がスパッと着物を脱ぐと、縮緬（ちりめん）の長襦袢（ながじゅばん）の揃いだ。それでカッポレを踊ったってよ」

「なかなか粋なことをやりやがったな」

「やったことは粋だがな、そのあとで言いやがった。隣町の連中もいろいろ遊びをするようだが、こんな気の利いた遊びはできまいってぬかしやがったとよ。黙っていられるかってんだ」

縮緬は絹だ。縮緬の襦袢の揃いとなれば値段も高いし、綺麗で映える。

落語は貧乏長屋が舞台だと思われているが、江戸後期の経済が上向きの時代に起こった芸能だ。富裕町人が楽しんだ。職人でも建築需要があって、金回りがよかった。江戸っ子は宵越しの銭は持たない、今日の銭は今日使っても、明日はまた銭が入ってくる。そういう町人たちは遊びも豪気だ。

そして、そんな連中が町内ごとで張り合う。祭りに酒樽を三つ出したと聞けば、四つ持っていく。浴衣を百染めたと聞けば二百染める。

「こんな気の利いた遊びはできまい」と言われた町内の連中は口惜しい。この対抗策を考える。

「向こうが長襦袢の揃いなら、こっちは褌（ふんどし）の揃いはどうでしょう」

また、くだらないことを考える奴がいるんだ。

だが考えた奴は凄い。錦の褌の揃いだ。

「よし、わかった。ここは隣町内には負けられない。いいか、女房を質に入れてでも錦を手配して、褌にして締めてこい」

女房なんか質にはとってくれないが、そこはさっき言った通り、宵越しの銭は持たない職人連中、今は銭がなくてもいくらでも稼ぐから、どこに行っても銭は貸してもらえる。

だが、一人、錦の調達ができない奴がいた。落語でお馴染みの与太郎だ。少し頭の足りない奴。

与太郎、仕方がないってんで、女房に頭を下げて頼んだ。

「吉原へお女郎買いに行きてえんだ。町内の付き合いなんだ」

「町内の付き合いなら、しょうがないねえ」

町内の付き合いなら、吉原に行くのにも女房のお墨付きがもらえる。もちろん、帰ったら、荒縄で縛られて天井から吊るされるんだろうけれど、町内の付き合いはそれほど大事だった。

「なんとか錦の褌を用意してくれないか」

「また、昼間から集まって、碌な相談をしてやがらねえ。いいかい、錦なんてえのは高いもんだ。うちみたいな貧乏人には買えないんだよ」

「そんなこと言うなよ。町内の付き合いなんだから、なんとかしてくれよ」

「しょうがないね。なら」

女房の策は、寺に行って和尚の錦の袈裟を借りてきて、褌に締める。大事な袈裟だが、明日の朝までに返すと約束して借り、女房が袈裟を褌に締めてくれる。

偉い女房だ。なかなかできることじゃない。

吉原は浮気にカテゴライズされないのか。

「喜助どん、驚いたね、今日のお客様の騒ぎようったら」

「あのように騒いでいただきますと、私どもも嬉しい限りです」

「驚いたよ。実に贅沢なお客様だ。錦の褌の揃いだ。お前、あのお客様たちが何者かわかるか」

「お職人さんたちでございましょう？」

「お前、何年この商売をやってるんだ。あれを職人と見るようじゃまだまだです。あれはお大名のお忍びのお遊びです。なかにお殿様がいるのがわかるか？」

与太郎は上等の袈裟にする錦を褌にしている。店の主人にはお殿様に見えた。というわけで、与太郎の褌が一番立派で、与太郎がモテまくる。という話だが、町内の皆で行けば、宴会で騒ぎもするし、金も落とす。

こういう馬鹿な遊びをする。それができるのも江戸っ子なのだ。

第二章　四宿、岡場所の女たち

品川、板橋、千住、内藤新宿を四宿といった。品川は東海道、板橋は中山道、千住は奥州街道、内藤新宿は甲州街道という、江戸を起点とした街道の一番目の宿場町として栄えた。ここには、表向きは旅籠として営業している遊女屋があり、江戸庶民が足をのばして楽しむ歓楽街であった。

吉原と四宿は何が違うのか。吉原は公娼、四宿は私娼という違いが大きい。合法か非合法か、公認か非公認か。非合法といっても、四宿の旅籠が摘発を受けることはない。事前通告の上での形式的な取り締りはあるから、その日だけお休みしていればよい。

吉原の遊女が花魁、太夫と呼ばれるのに対し、四宿は飯盛女と呼ばれた。旅籠だから。名称は飯盛女だが、飯なんか盛らない。やることは同じだ。

吉原はしきたりや格式がうるさかったが、それも大店の話で、庶民が行く中店や、安価な小店などは、気楽に楽しめる店もあった。四宿にもまた、特徴があり、吉原よりはやや遠く、行楽気分で楽しむところでもあった。

一番の違いは、名前かもしれない。吉原の花魁は、高尾太夫、雛鶴太夫、薄墨太夫というような源氏名がある。対して四宿の女たちは、お染、おすみ、お熊という、普通の名前を名乗った。それももしかしたら本名ではないかもしれないが、○○太夫よりは普通の名前のほうが身近に感じたのかもしれない。

吉原が擬似恋愛のテーマパークだと書いたが、四宿やあるいは岡場所と呼ばれる江戸に多くあった私娼窟は、より身近に恋愛感覚を楽しんだ場所なのかもしれない。

一、品川の女

品川は東海道の第一番目の宿場町。現在の京浜急行、北品川駅のあたりから青物横丁駅のあたりまで。第一京浜国道と並行して、旧東海道がある。三十年くらい前までは、昔の旅籠で幕末の志士たちも利用した妓楼、土蔵相模の跡も残っていたが、今はファミリーマートになってしまった。

それでも旧東海道を歩いて、品川方面から見て左に曲がると、少し下り坂になっている。坂をちょっと下ってふり返ると、石垣があったりする場所がいくつかある。これは坂の下あたりが海であった遺構である。歌川広重の「東海道五十三次」では、街道があって、すぐ左に旅籠が並び、その先に海が広がっている。この石垣も最近、マンションなどができて、少しずつなくなってきている。

旧東海道にそっては寺も多い。沢庵和尚が建立した東海寺はじめ、いろんな寺がある。

青物横丁の先の海晏寺は紅葉の名所として知られ、秋には江戸から見物人も大勢来た。

青物横丁の品川寺には、江戸六地蔵のひとつがある。江戸六地蔵は、江戸の六つの入り口に建てられた地蔵で、品川寺の他は、中山道は巣鴨の真性寺、奥州街道は東禅寺、甲州街道は内藤新宿の太宗寺、水戸街道は深川白河の霊巌寺、千葉街道は深川富岡八幡宮にあった。

また、青物横丁の手前の妙国寺は、「お富与三郎」の与三郎のモデルだといわれている長唄の芳村伊三郎の墓がある。与三郎は、物語では、妙国寺前に住んでいた目明しの観音久次の家でお富に殺される。

東海道を進むと、鈴ヶ森の刑場。ここで、八百屋お七や丸橋忠弥、白子屋のお熊らが処刑された。

さらに行くと大森村。このあたりは鉱泉が出て、江戸の昔から湯治に来る人もいた。川崎大師や、日蓮宗の聖地、池上本門寺の参詣の帰りに寄る人も多かった。明治から戦前は花柳界もあり、省線（現JR）の大森駅から、京浜急行の大森海岸駅まで軽便鉄道が敷設されていた。現在のイトーヨーカ堂の裏あたりに花柳界だった遺構がわずかに残っている。

品川は江戸の人たちにとっては、風光明媚で、近くに温泉なんかもあり、川崎大師や池上本門寺も近く、海が近く魚もおいしい。ちょっとした観光地であった。さらには、女の子も迎えてくれるとあっては、江戸の男たちにとっては行ってみたい場所のひとつだったのではないか。

落語「居残り佐平次」で、佐平次が居残りをやる理由に、体の具合が悪いので、空気がよくて食べ物のうまいところでしばらく休みたい、という一言を入れる人もいる。

品川心中

心中したい女がいた。品川の遊女で、お染。かつては品川の土蔵相模で板頭（いたがしら）を張っていた。

板頭とは、壁に名前を掲げた板がぶら下がっていて、それが一番左側に下げられている、つまり店で一番の売れっ子という意味。だが、年月は残酷だ。年齢を重ねると、お染の人気が落ちてくる。

お染は金の工面に困り死のうと思ったが、一人死んでは金に困って死んだと思われる。ここは誰かを道連れに死ねば心中と浮名が立つ。どの道死ぬならカッコよく死にたい。つまり女の見栄だ。

「誰がいいかねえ。辰つぁんはおかみさんをもらったばかりだし、吉つぁんは病気のお母さんがいるから死ねないだろうし。どっかにいないかねえ。死んでも誰も困らない男は。

あっ、いたいた、貸本屋の金さん、この人に決めた」

決められたほうは迷惑、と思いきや、そうでもない。何せ、金さんこと金蔵はお染に惚れている。惚れているけれど、銭がないから、あまりいい待遇はされていない。

それが女から「逢いたいからすぐに来てほしい」と手紙が来る。

金蔵はすっ飛んで来る。そして、心中話を持ち掛けられる。

断りゃいいのに断らない。惚れた弱みだ。

惚れている女にお願いされたら、たいていの男は断らない。女に頼られる、っていうのは、男は本能的に気分がいい。ましてや惚れている女だ。あの女のためには命もいらない。男とはそういうものだ。

金蔵は一度家に帰り財産を整理、ったって、何もない。大家のところへ行き転居するからと、長屋の契約を解約し、家財道具を古道具屋に売る。その銭で死に装束と刀を買い、日頃世話になっている親分の家に挨拶に行く。

「旅に出るので暇乞いに参りました」

「どこへ行くんだ」

「西のほうです」

「いつ帰る」

「来年のお盆には」

恋に狂った男はまともな思考回路ではない。

あわてているから親分の家に刀を忘れていった。

「どうするんだよ」

「どうしよう」

「裏は海だから、飛び込んで死のう」

結局、この心中は失敗に終わる。金蔵が海に飛び込んだところで、お染は飛び込むのを止められる。金ができたのだ。

「こんなことじゃないかと思ったんだ。お染さん、死ぬなんて馬鹿はおよしよ」と若い衆。

「えっ？　今先に一人飛び込んだ？　誰？　金蔵？　なら、いいよ」

なら、いいよって、それはないだろう。

「ご案内の通り、品川は遠浅でございます」

遠浅だったんだ。海苔とか採っていた。金蔵は助かった。

でも店に戻るわけにはゆかない。死ぬつもりだから、銭を持たないで飲み食いしていた。

仕方がないから海の中を歩いて、八つ山で陸に上がる。このあと、犬に追われながら、親分の家に行き騒動になる。

心中が流行したのは元禄の頃。近松門左衛門は、恋を彼岸の橋として、この世を捨ててあの世へ渡る男女を祝福した。そう。心中は祝福されたのだ。親の許さぬ恋、主従の恋、遊女との恋、妻子ある男あるいは夫ある女との恋……、世間の常識にそわなくても、己の恋を貫いた行為として、恋を成就させる方法としての心中があった。浄瑠璃として語られ、賞賛された。カッコいい。

どうせ死ぬなら、カッコよく死にたい。風光明媚な品川の女は、死に方もカッコよくないといけないから、相手なんて誰でもいいから、心中したい。

男は未練で無様だから、一度は惚れた女に心中を持ち掛けられて嬉しかったけれど、いろんなものにすがって生きようとする。それが男だ。未練で無様で必死で生きるのも、別の意味でカッコいいじゃないか。

二、千住の女

千住は奥州街道、第一番目の宿場町。奥州街道は野州宇都宮まで日光街道と一緒で、北関東、日光、奥州へ行く多くの人たちが利用した。有名なのは、松尾芭蕉が奥州に旅立つ時に、隅田川を舟で上って、千住大橋から『奥の細道』の旅をはじめた。今は国道が通っている千住大橋も江戸の昔は木の橋で、三遊亭圓朝・作の人情噺「安中草三（あんなかそうざ）」では、橋の上で大捕物の場面もある。

千住の宿場は、千住大橋をはさんで、北側が本宿、だいたい千住大橋から北千住駅のあたりまで。ここに本陣や大きな旅籠が並んでいた。

橋から南に二町が宿場町で、その先には小塚っ原の刑場があった。小塚っ原が訛って、南側の二町は俗に「こつ」と呼ばれた。「こつ」のほうが本宿より値段も安く、職人や、まだ雇われている商家の若者たちが遊びに来た。いわゆる千住の遊びどころと言えば「こつ」だ。

吉原からはさほど遠くない千住は、吉原をひやかして、千住で店に上がる客もいた。ごく手近な遊び場として知られ、吉原の次に賑わった街でもある。

千住の小塚っ原は現在の南千住の駅前あたりで、回向院（えこう）が建つ。小塚っ原で処刑された、鼠小僧次郎吉や片岡直次郎（直侍）、安政の大獄で処刑された吉田松陰、橋本左内、そして、明治になってからだが、最後に斬首された高橋お伝の墓もある。

回向院には他に、プロレスラーのカール・ゴッチの墓もあるが、これは小塚っ原とは関係ない。

藁人形

千住の若松屋の遊女お熊は、元は神田・竜閑町の糠屋（ぬかや）、遠州屋の娘。小町娘と言われていたのが両親亡き後、店が傾き、遊女となった。器量がいいから引く手あまたの人気者となる。

亡き両親の供養にと、河原の小屋に住んでいる願人坊主の西念を時々呼んでは経をあげてもらっていた。

願人坊主は正しくは僧形の芸能者である。あほだら経や念仏踊りなんかを、大道や門付けで演じる。なかには僧侶と思って先祖の供養を頼む人なんかもいる。そうすると、ここの家は浄土宗だなと思うと「南無阿弥陀仏」、日蓮宗だなと思うと「南無妙法蓮華経」、あとは「いろはにほへと」に節つけてやって、いくばくかの銭をもらったりもしている。

お熊がある日、西念に話を持ち掛ける。

「私のお客に上方の商人がいてね、私のことを身請けしたいって言うんだよ」

「それはようございましたな」

「でね、駒形に絵草紙屋（えぞうしや）の居抜きがあって、そこを買ってもらって、私は絵草紙屋の内儀になることになったんだがね」

お熊は続ける。お熊は旦那に、両親の経をあげに来てくれている西念という人が、父親に面差しが似ていて、父親同様に思っている。旦那がよければ、西念も一緒に引き取って、死に水を取ってあげたい。そう言うと、「年寄りでも男手がいれば安心だから」と、旦那はそれを承知したというのだ。

「夢のような話でございます。水を汲んだり、薪を割ったりくらいのことはできます。下男同様に置いていただけたら、ありがたいお話でございます」

「何を言うんだね、下男同様だなんて。お前さんのことは、お父つぁんだと思って、これから親孝行の真似事をさせてもらうよ」

西念は喜んで帰っていく。四、五日して、西念が若松屋に来ると、

「西念さん、お前だからこんな愚痴を言うんだ、聞いておくれ」

旦那が買ってくれる予定だった絵草紙屋、手つけは払っているのだが、売主が急に金の入用ができたのですぐに後金が欲しい、後金をくれなければ他に売ると言っているのだという。旦那は上方ですぐに後金なんてできやしない。

「そんなわけだから、この間のお前さんを引き取って死に水を取るっていう話はなかったことにしてはくれまいか」

「失礼ですが、その後金っていうのはいくらなんで」

「それがね、二十両だっていうんだ」

「ではその二十両、私がお出ししましょう」

西念は、元は、か組の嘉吉という町火消しだった。喧嘩で人を殺してしまい火消しを辞めた過去がある。まともな僧侶にはなれないが、せめて頭を丸めて願人坊主になった。その時に、仲間が花会をやって持たせてくれた二十両、手つかずであるという。

もともと西念は竜閑町の隣町内の佐久間町に住んでいて、遠州屋の娘だったお熊を知っていた。知っていたというか、遠くから拝んでいた。ほのかな恋心を抱いていたのだ。

西念はお熊に金を渡した。

お熊の話は全部嘘だった。身請けも、絵草紙屋も、西念を父親のように思っているというのも。西念は二十両、お熊に騙し取られたのだ。

金を返せと若松屋に行く西念だが、お熊はそんな金は知らないの一点張りだ。

遊女は男を騙すもの。男だって、騙されに行くんだ。それは仕方がない。

これは、世を捨てて河原に住む老人を騙した話だ。

「ああいう願人坊主は金を持っているよ、いいや、持っているものか、私は持っているって言ったもんでね、持っているなら取り上げてやろうって書いた狂言だ」

江戸の北に位置し、北国と呼ばれた吉原よりも、さらに北の地の千住、江戸のはずれの宿場町ゆえの陰湿な騙しが、なんとも嫌な話だ。一方で、大きな糠屋の娘として何不自由なく育ったお熊が、千住で遊女になる、その不幸な人生を考えると、同情も禁じえない。

西念はお熊を呪う。そんな西念のもとを、甥の甚吉が訪ねてくる。すべてを知った甚吉は言う。

「ははは。叔父さん、お前、耄碌(もうろく)しちゃいけねえよ。相手は女郎じゃねえか。俺がついているんだ。俺が叔父さんを若松屋に連れていってやる。で、その女を座敷に呼んで、余分に祝儀をくれてやるよ。そうすりゃ、叔父さん、お前の男が立つってもんだ」

遊びっていうのはそういうものなのか。「金を返せ」なんて騒ぐのは野暮(やぼ)。呪ったり、それこそ、殴るなんていうのは論外だ。

笑って騙されるのが、男の遊び、なのだ。

三、新宿の女

内藤新宿は甲州街道、第一番目の宿場町。現在の新宿二丁目から三丁目のあたり。今でも、新宿三丁目の交差点の近くに追分(おいわけ)団子って団子屋がある。追分っていうのは道の分岐点のこと。新宿の追分は、甲州街道と青梅道の分かれ道にあった。

四谷の大木戸は、現在の四谷文化センターのところにあった。この木戸より先が江戸の外になる。新宿は江戸から出てすぐのところ。新しい宿場だから、新宿の名がついた。もともとは一面、唐芥子(とうがらし)の畑だったという。

本来は、高井戸が甲州街道の第一番目の宿場だったが、元禄の頃に浅草あたりの一発当てたい連中が、新宿に歓楽街を作って一儲けを企み、宿場開設を願い出てできたという。思惑は見事に当たり、江戸からも近く、宿場というよりは歓楽街として賑わいを見せた。

内藤新宿は、品川や板橋、千住ともまた違う、もともと歓楽街として作られた街なのである。しかし、江戸からあまりにも近過ぎた。江戸は増殖する街で、四谷あたりにも町屋が広がってきた。街のすぐ近くに歓楽街があるのは風紀を乱すと、享保の改革でしばらくは宿場が廃止されていた。しかし、需要があったのだろう。田沼意次(おきつぐ)の時代に再開され、現在に至っている。戦中、戦後も、赤線・青線で栄え、そして、現在も新宿二丁目は独特の飲食街として賑わっている。

もともとが歓楽街で、遊女屋も多くあった。

だから女たちも、その手練は吉原に負けるものではなかった。

文違い

この落語は、六代目三遊亭圓生の名演が素晴らしかった。

新宿の遊女のおすぎは、二十両の金がいるので、客の角蔵と半七から見事に金を巻き上げる。

田舎者の角蔵には高飛車に、常に高圧的にふるまう。角蔵が十五両持っていると聞けば、

「お出しよ」

「おらの金ならくれてやるがな、いや、この金は辰松に馬引っ張ってこいって頼まれて預かった金だから駄目だ」

「じゃ、お前さん、馬を引いて帰れば。お母さんが死んでも、いいんだね。お前さんみたいに不人情な人はいないよ。薄情者、人殺し！」

おすぎは角蔵に、母親が病気で金がいると嘘をついている。

「私はお前さんって人には愛想が尽きた。年季が明けたら夫婦になろうって約束したけれど、あのことは反故(ほご)にさせてもらうから。お前さんともこれきりだ。忘れてくれ」

突き放すようなおすぎの強い言い方に、角蔵はただただ狼狽する。

「いや、それじゃあ……、この金はお前にやるべえ。やるから持っていけ」

とうとう「金をやる」と言わせたが、

「いらないよ！」

　と金を投げるんだ。

「そんなお前、いらないなんて言わないでよ、怒るでねえだよ。俺が悪かった。この通りだ。謝るだよ。頭を下げて頼むから、金をもらってくれ」

　頭まで下げさせて、金をふんだくる。

「何も謝ってもらいたくて言うんじゃないよ。お母さんは病気だし（すすり泣く）。私も気が立ってお前さんに嫌なことを言ったけれど、勘弁して。このお金、少しの間だけお借りします」

「貸すも貸さないもない。年季が明けたら夫婦（ひーふ）になる間柄だ。持っていけ」

　怒る、泣く、その緩急が凄い。

「年季が明けたらひーふになろうちゅう間柄」。夫婦に遠慮はいらないと相手に思い込ませているあたりが、手練の見事さだ。

　金は二十両いる。十五両は巻き上げたので、残りは五両。次は半七だ。

「あんな奴（角蔵）に気休めのひとつも言って、お前さんの懐を助けたいと思うから、私だっていろいろ心配しているんじゃないか。見捨てないでおくれよ」

　ホントに好きなのはお前さんだよ。と言いつつ、残りの五両を出させる。半七は色男のつもりだから、女のすべてが惚れている仕草に見える。馬鹿だねえ。

おすぎはどうして二十両の金がいるのか。

「芳さん、すまなかったね、待たせて」

待たせている男がいた。芳次郎は目を病んで、高い薬がいる。薬代の二十両をおすぎは用立てた。

「すまねえ。年季のお前に無理言って申し訳ねえ。なにしろ二十両って金がなけりゃ真珠っていう薬をつけることができねえ。他にどうにも何はねえんで、お前に頼んだが、おかげで俺は目が助かる。ありがとう。これもみんな、お前のおかげだ」

「何を言ってるんだねえ、この人は。およしよ。そんな夫婦の仲で、お前さん、女房に礼なんぞ言って、おかしいじゃないの」

おやおや、展開が似ている。

おすぎは久々に芳次郎に逢えたのだから、泊まってほしいと言う。

「お前とはいろいろ話もあるが、目の病というものは一刻を争う。すぐに医者に行かなきゃならない」

「じゃ、お金返して。苦労して作ったお金なんだ。どうしても帰るって言うなら、お金を返してよ」

「そうかい。なら、金はお返し申します。お前だって話がわからねえ。俺が泊まっていきたいと言っても、早く医者に行け、目を治してくれと言うのが人情じゃねえか。それを泊まらなければ金はやれない？　そんな未練な金なら、いらねえ。このまま目が瞑れたほうがましだ」

「そんなこと言わないで、私が悪かった、堪忍してください。お金は持っていって」

「いらねえや！」

「怒らないで、謝るから。持っていって、後生（お願い）だから」

両手を突いて頭を下げて金を持っていってもらうが。

おすぎも見事に芳次郎に騙されていた。

芳次郎は、おすぎに貢がせた金を吉原の女に貢いでいる。

芳次郎の忘れていった手紙で、おすぎは真実を知ってしまう。そして、半七もまた、おすぎが芳次郎よりもらった手紙を見てしまう。

女郎は客を騙すものとわかっていても、自分が間夫だと思っていた半七の驚きったらない。ホントの間夫は別にいた、しかも自分が用立てた金がそのまま別の男のところへ。悔しいし、こんな恥ずかしいことはないね。一方のおすぎも、この男と思った芳次郎の裏切りに遭う。自分が作った金が、そのまま別の女のところへ行く。おすぎは芳次郎に怒り、半七はおすぎに怒り喧嘩になる。誰が一番幸福かと言えば、真実を知らない角蔵だけだ。騙されたとわかれば口惜しいが、気がつかなければ、いつまでもモテた気分でいられる。

歓楽街の新宿ならではの、騙し騙され。現代でもあるような物語。江戸後期の名もない戯作者が作り、その後、多くの落語家によって練られ作られた心理ドラマだ。

四、板橋の女、岡場所の女

板橋は中山道の第一番目の宿場町。

現在の埼京線板橋駅から旧中山道を歩くことができる。

江戸と京を結ぶ街道では、やはりメインは東海道。中山道は山道だから、京、大坂へ行くには普通、東海道を用いる。北関東や信州方面に用がある人たちが中山道を用いたため、東海道ほどの通行量もない。歓楽街としても、新宿や千住よりやや遠く、品川ほど風光明媚ではない。板橋宿は、品川、千住、新宿よりもいくらか規模が小さかった。

それでも、二十町ほどの距離に五十軒以上の旅籠が建ち並び、平尾宿、仲宿、上宿の三つの町に分かれている。

仲宿が板橋宿の中心で、ここに本陣もある。千住で言えば、千住大橋の北側の本宿に当たる。江戸寄りの平尾宿にも脇本陣があり、このあたりが千住で言えば、「こつ」に当たる。職人などが気楽に遊びに来るのは平尾宿だ。

そして、仲宿の先、板橋の地名の由来でもある、石神井川に架かる板の橋を渡ったところが上宿、ここは馬喰宿や木賃宿が建ち並んでいた。有名な縁切り榎は仲宿のはずれにある。

平尾の追分で、中山道と川越街道に分かれる。江戸ができる前は川越が関東の中心地で、江戸時代でも江戸の北西の守備の拠点となった。江戸初期は知恵伊豆で知られた松平信綱が所領とし、その後も老中格の大名が治めた。

また川越は農産物の産地でもあり、とくに薩摩芋が人気。薩摩芋が「十三里」と呼ばれたのは、江戸と川越の距離が十三里だったことによる。俗に「九里四里（栗より）うまい十三里」などと呼ばれのは、江戸から板橋が四里で、板橋から川越が九里。「栗よりうまい十三里」の洒落で、高級な栗よりも甘くて腹にたまる芋の人気が高かった。

四宿の屁

落語で遊女買いをモチーフにしたものは圧倒的に吉原が多い。

趣が変わった場所として品川があり、「品川心中」「居残り佐平次」「品川の豆」などがあるが、千住も新宿も少なく、板橋はほとんどない。

六代目三遊亭圓生が「四宿の屁」という落語を演じていた。四宿の遊女と屁にまつわる四つの小噺からなる。それぞれ四宿という場所の特殊性もあるので紹介しよう。

まずは品川。遊女が布団の中で屁をした。臭いがするので、足で布団をパタパタさせて空気を逃がしていた。遊女は窓の外を見て、「あの帆掛け船の真似をしている」と言うと、臭いがお客の鼻へ。「あれは肥船か」

宿の窓から海が見えるというのが品川の特徴だ。

新宿。お客と遊女が一杯飲んでいるところで、遊女が屁をした。たまたま若い衆がいて、「私がそそうをしました」と罪を被った。お客は感心して若い衆に祝儀を渡した。それを見た遊女が「半分お寄越し」。

とにかく新宿の女はしたたか。

千住。遊女が屁を地震だとごまかす。お客が「地震は気づかなかった。屁の前かあとか」。

千住の女はごまかし方が可愛い。

板橋。見習いのまだ子供の遊女が屁をしたので叱ったら、叱った女も屁をした。

人間、誰でも屁はするんだ。出物、腫れ物という落語。

四宿の他にも、男性の遊び場は多くあった。

江戸市中には、岡場所と呼ばれる私娼窟があちこちにあった。

有名なところで、根津、赤坂の氷川神社の近く、浅草・門跡の前、隅田川の向こうでは両国・回向院の前などが大きな岡場所だが、小さいものを含めれば、江戸のあちこちにあったようだ。江戸の街が広がり、隅田川の向こう側、現在の江東区あたりが発展してくると、深川、現在の門前仲町あたりや、洲崎なんかでも岡場所が繁盛した。

岡場所があると、周辺の飲食店などにも人が集まり、街が栄える一方、風紀や治安の乱れもあった。吉原や四宿のような統制もとれていない。

また、政治状況の変化にも左右される。寛政の改革、天保の改革など、幕府が緊縮政策を行うと、歓楽街は取り締りの対象となり、岡場所も摘発されて潰された。非合法であるがお目こぼしで成り立っていた施設は、簡単に取り締まって潰すこともできた。

それでも庶民にとっては必要な施設なのだ。改革が終われば、またすぐに復活するのも、庶民の街の姿であろう。

ちなみに根津の岡場所は、幕末に、幕府に陸軍が作られると、兵士のための公娼、根津遊廓に昇格した。そんなのありか。しかし、明治二十年代には、帝国大学が本郷にできたため、学舎の近くに遊廓があるのは好ましくないと、洲崎に移転となり、洲崎遊廓はおおいに栄えた。昭和二十年代の話だが、戦後には、作家の正岡容(いるる)は洲崎遊廓のお女郎さんの運動会を見物に行っている。

臆病源兵衛

遊女と客とのやりとりは描かれないが、上野界隈の岡場所（今の鈴本演芸場の裏あたり）が登場する落語。

臆病者の源兵衛を脅かそうと、八五郎は暗がりから真っ赤な手拭いで頬かむりして「うわっ」とやったから、源兵衛は驚いて、持っていた薬缶(やかん)で八五郎を殴り殺してしまう。過失致死でも島流しになると兄貴分に言われた源兵衛は、八五郎の死骸を葛籠(つづら)に入れて捨てに行く。途中、源兵衛は葛籠を放置して逃げてしまう。

八五郎は実は死んでいなく、気を失っていただけだった。葛籠から這い出た八五郎は死に装束なので、自分は死んだと思って街をさ迷う。不忍池の蓮の花を見て、極楽に来たと思ったり。そして、上野あたりの私娼窟に迷い込み、地獄に来たのではと錯覚する。

上野の近くには根津に岡場所があり、湯島天神の近くにも、そうした施設は点在していた。現在でも湯島あたりにはラブホテル街があり、上野二丁目界隈の裏通りは、接客をともなう飲食店や風俗店が並んでいる。

江戸の昔は、個人営業の私娼窟もこのあたりにはあったようだ。小さな二階家か何かで、娘に客をとらせて、親が客引きや金銭の徴収をする。そうした店や、店のある地域は「地獄」と呼ばれた。

「地獄」のもともとの意味は、地女、素人の女が、ごくごく内々に客をとっていたところから呼ばれたらしいが、個人営業でも常時営業をしていれば素人とは言えまい。

私娼窟の環境や、安価な料金設定による困窮と、過酷な労働など、そこは現世に現われた地獄なのかもしれない。

五、宿場女郎

江戸時代になると街道が整備され、多くの人が旅に出た。旅の目的は、仕事、信仰、遊山などさまざまだ。江戸っ子は「一生に一度は伊勢詣り」、大坂人は「伊勢に七度(ななたび)、熊野へ三度(みたび)」などと言って、信仰を兼ねた遊山旅に行く人が多くいた。実際に江戸っ子で伊勢に行った人は少ないだろうが、それでも行った人がいるから、「私たちもいつかは行きたいね」などと話をしたのだろう。東海道中を描いた十返舎一九の『東海道中膝栗毛』や、歌川広重の「東海道五十三次」が刊行されると、読んだり見たりして、旅した気分になれたりもする。

遊山旅の楽しみは、神社仏閣をめぐったり、名勝古跡を訪ねたり、景色を見たり、おいしいものを食べたり、いろいろだ。『東海道中膝栗毛』にはそうした楽しいエピソードや、鞠子（まりこ）（丸子。二十番目の宿場）のとろろ汁はじめ、おいしい食べ物もたくさん出てくるが、他にも旅の楽しみはある。

人との出会い。それも異性、あるいは同性でも性的関係の対象としての出会いであり、『東海道中膝栗毛』では有償無償さまざまな関係を結びながら旅をする。

宿場町に飯盛女がいるのは、何も四宿だけではない。街道の旅籠には、昼間は女中として飯を盛って働き、夜は夜で銭を稼ぐ女たちがいた。

三人旅

ある男が「取りぬけ無尽」に当たり大金を手にした。取りぬけ無尽とは、説明すると長くなる。微妙に違うが、確率の高い少額の民間宝くじのようなものだ。現在では違法である。江戸時代は違法な時もあったが合法な時もあった。

　大金が入ったので、男は仲のよい友達二人を誘って、伊勢詣りと、京・大坂見物の旅に出る。演者によって東海道を行く人と中山道を行く人がいるが、どちらでもたいして差はない。

　旅籠に泊まる。

　宿が決まると、旅籠の玄関先で女中が草鞋（わらじ）の紐を解いて、足を洗ってくれる。

「さぁさぁ、足、つん出してくだせえ。足、洗いますだ」

「洗ってくれるか、すまねえな」

「お前さんの足見ていると、故郷（くに）のことを思い出す」

「故郷の色男を思い出すのか」

「おら、故郷でよく馬の足洗っていたでよう、お前の足は毛深いから、馬の足を思い出す」

　街道の宿場より、もっと田舎から、出稼ぎに来ている娘っ子だ。

　晩飯に酒を頼むと、さっき足を洗ってくれた女が酌に来る。

「お前みてえな容貌な女は江戸にもたくさんはいねえぜ。お前、年齢はいくつだ」

「おらけ。じょうごだよ」

「片口みてえな顔して、年齢は漏斗か」

「そうじゃねえだよ。じょうさん（十三）、じょうし（十四）、じょうご（十五）だよ」

言葉が通じないくらいに訛っている。よほどの山奥から稼ぎに来ているのだろう。

「もう一人姐さんがいたな。あれはいくつだ」

「じょうはちだ」

「丈八（十八）？　城木屋の番頭だよ。お前みたいな姐さんは、ここの家には何人いるんだ」

「三ねんおるだ」

「年数を聞いてるんじゃない。何人いるかだ」

「だから、三ねんだよ。ひっとり、ふったり、さんねんだ」

女中は三人いる。

このあと江戸っ子三人は、出張遊女を呼ぼうとする。旅先で遊女と遊ぶ、それも旅の目的のひとつなのだ。

出張遊女は土地によって名称が異なる。提げ重、鉄砲、後家、だるま、草餅。この宿場では「おしくら」というらしい。

「呼ばないでいいだよ」

十五歳の女が言う。

「客が呼べって言ってるんだ。呼んだらいいじゃないか」

「呼ばなくてもいいだよ。へへへへへ」

呼ばなくてもいいんだ。ここにいる、という意味だ。しかも、十五歳と十八歳ともう一人、客も三人だ。

言葉は訛ってもコミュニケーション力はある。コミュニケーションというよりも営業だ。足を洗ったり給仕したりする十五歳の少女が、夜には鼻の頭に白粉(おしろい)をふってやってくるのだろう。

交渉もまとまったかに見えたが、なんと三人目の女が母親の具合が悪く、今朝、故郷に帰ってしまった。

吉原や岡場所の遊女なら、年季の間は親が死のうが帰れない。彼女たちは、年季奉公というわけではないのかもしれない。ちょっと小遣い稼ぎのアルバイト感覚か。女中がメインで、夜のほうは需要に応じて対応するのかもしれない。

仕方がなく、あと一人は近隣から呼ぶことになるのだが、元は江戸の芸妓だった年増だそうだが、ひと波乱起きる。

「夕べはお前に厄介を掛けた。俺たちは伊勢詣りの道中だ。帰りにまた寄るぜ。それまで体を大事にしろよ。これは夕べの礼だ。少ないけれど取っておいてくれ。髪の油でも買っておくれ」

旅人は料金の他に相応の祝儀も出してくれる。出張遊女を「おしくら」というのは軽井沢あたりの方言で、中山道という設定だと、東海道と比べて遊山旅の旅人が少なかったため、旅籠の女のサービスがよかったということらしい。懐にたんまり金のある旅だと、こうした、羽目のはずし方もあるのだろう。

第三章　若い男女の恋物語

江戸時代は、親の決めた相手としか結婚はできなかった？

だから、恋愛なんて無理だった？

そんなことはないだろう。

近松門左衛門、井原西鶴、恋愛をテーマにした演劇、文学の名作が山のように作られている、っていうことは、それだけ、愛や恋に迷った男女がいたということだ。

主従の恋など身分違いの恋、相手に夫や妻のある今でいう不倫、遊女に恋して金がない、恋愛なんていうのは障害があるほうが燃えるんだ。

で、突っ走る。この世で添えなきゃ、あの世で。それが心中。

あるいは、手に手をとって逃げるというのもある。

義太夫の「おさん茂兵衛」は不倫の話だが、二人は捕らわれて処刑される。岡本文弥の新内節では、二人は丹波に逃げて幸福に暮らす。逃げられるものなら、逃げて恋を成就させてもいい。

落語の夫婦に「仲人なしのくっつき合い」という科白（せりふ）が出てくる。結婚は、本来はしかるべき仲人が世話をするものだが、なかには仲人なんていらない。好き同士で結婚という、恋愛を成就するカップルもいるのだ。

若者たちの恋模様も、結ばれたり、結ばれなかったり、片想い、なんていうのもあったり、いろいろあった。

一、主従の恋

江戸時代、武士は血を残すことが大事だった。だから、武家の男子はわりと早く嫁を迎えた。相手は同格の武家の娘が多かった。息子、娘の結婚で親戚になる。親戚で身分に差があると、日頃の付き合いが面倒だ。祝儀不祝儀にいくら包むのか、会食の献立など、身分差、収入の差でお互いに気まずくなる。上でも下でもない、同格の家から嫁、婿を迎えるのがよかった。

よく時代劇などで、上役の娘の婿になって出世を目論む若侍とか出てくるが、それは余程の例外だ。同格の家にも親戚にも適当な相手がいない場合か、その若侍が特別に優秀で上役に望まれて婿になるかだ。

同格の家であるから、お互いに知っている場合が多い。年齢の近い男女だと、幼いうちから親同士が婚約を決めてしまう場合もある。そうなると、「あれが未来の妻（夫）」と、小さいうちから思っていて、それが恋心に発展する場合もあって、案外うまくゆく場合も多かった。

商家は血よりも能力主義だ。必ずしも長男が跡を継ぐとは限らない。商才のない者が跡を継いで店が傾いては、奉公人や取引先も路頭に迷うことになるかもしれない。だから長男よりも次男、三男が優秀なら、兄は若隠居か、資本を出して別の商売をやらせて弟に跡を継がせた。男の子が全員駄目な場合は、娘に、親戚の優秀な子や、それこそ番頭や手代で優秀な者を婿に迎えた。

だから、商家の娘と、番頭、手代、主従で結婚することなど、わりとよくあった。

ただ、十五、六の娘に、十七、八の手代が婿に来るわけではない。店の経営を任せられる能力がある番頭や手代でないと駄目で、能力は経験で培われる。つまり、四十くらいの番頭が婿になることが一般的だった。そら、十五、六の娘は嫌だろう。昨日まで家来で、うんと年上で、爺やみたいな奴が今日から夫です、それは、ちょっと無理、だろう。

髪結新三

白木屋の娘、お熊は、お洒落にしか興味のない普通の女の子。白木屋は主人が中気（脳卒中）で倒れて店が危ない。お熊の母のおつねは、又四郎という大店（おおだな）の番頭をお熊の婿にして、店の再起を計る。又四郎は金を貯めていて五百両の持参金があった。だが、又四郎、年齢は四十を越えて、しかも醜男。

両親はお熊に、いずれ又四郎は離縁してやるから、「今だけ辛抱してくれ」と言う。お熊は仕方なく又四郎と祝言はするが、病気だと偽って同衾することはなかった。

お熊は、実は美男の手代の忠七とわりない仲だった。

美男で若い手代とわりない仲なのに、親は五百両が欲しいから、四十過ぎの醜男を婿にという無茶苦茶な話だが、たぶんそんなことも、よくあったことなのかもしれない。この状況は誰かが突っつくとすぐに爆発するんだ。

髪結いの新三という悪党が現われて、お熊と忠七をたぶらかす。

このあと紆余曲折、お熊は又四郎を殺そうとし捕縛され、大岡越前守によって裁かれ、夫殺し未遂で死罪となる。

話は実際の事件で、下手人のお熊が処刑される時、裸馬に乗せられて鈴ヶ森へ行く道中、黄八丈を着ていたところから、人情噺のタイトルは「恋娘昔八丈」。黄八丈っていうのは、今の若い娘さんも着る普段用の着物で、黄色でかわいい着物。時代劇では庶民の娘や茶店のお姐ちゃんなんかも着ている。八丈島の名産だから「黄八丈」。当時は、殺人未遂の罪人が着たために、人気も急落したらしいか、芝居で役者が着ると、また人気になった。作者は乾坤坊良斎といわれている。

お熊が又四郎を嫌うのはわかるが、美男というだけで忠七と恋仲になるのはなぜか。だいたい、お嬢様が、家来の丁稚や手代を好きになるものなのか。

男のほうはどうだろう。身分が上のお嬢様を好きになる心理は？　婿になって出世をするという野心か、女性にかいがいしく仕えることが好きな奉仕型マゾヒズムか。それとも身分の上の者を陵辱して快楽を得るサディズムか。

男はもっと単純だよ。お嬢様が綺麗だから。ホントはブスかもしれないけれど、まわりの女中や娘っ子より綺麗な着物を着て慎ましやかにしている。高嶺の花願望っていうのはたいていの男はあるんだよ。難攻不落な要塞ほど落としてみたくなる。お嬢様は丁稚や手代には遠い憧れ的存在。憧れっていうのは憧れで終わる場合が多いが、何かのきっかけがあれば恋に進展する。

おせつ徳三郎

商家の娘、おせつと、年長の丁稚（手代）の徳三郎の恋を描いた話。

商家の娘は乳母日傘（おんばひがさ）で育つから、普段はまわりに家族以外の男性はいない。ところが、お嬢様でも年頃になれば外出することもある。お嬢様が外出する時には必ず供がつく。奥付の女中か下男、店の丁稚などを供にする。

丁稚を供にした場合、丁稚が鼻でも垂らしていようものなら、なんの問題も起こらない。丁稚がちょいといい男だったりする。いい男で、年上でボディガード役でもあるから、なにかと頼もしい。しかも家来でもあるから。優しくなんでも言うことを聞いてくれる。いい男で頼もしくて優しい。お嬢様が丁稚や手代を好きになるというのは、男性免疫がないところへ現われる男で、それが美男ならば、もうあとは、なるようにしかならないでしょう。徳三郎も「髪結い新三」の忠七も、だいたいそんな感じでお嬢様の心の隙間に入り込む。

おせつが花見に行く。供は三人。年上の丁稚の徳三郎に、子供の丁稚の長松、それに海千山千の婆やが一人。おせつ、徳三郎、婆や、長松の四人は、向島の三囲（みめぐり）神社の近くで舟を降り、参詣をして、土手の茶屋へ入る。茶屋の者からは、徳三郎は「若旦那」と呼ばれ、おせつと徳三郎は始終いちゃいちゃしている。

「徳や、お前は私のことをお嬢様お嬢様っていうねえ」

「そら、お嬢様に違いないから、お嬢様っていいます」

「だけど、誰もいないところでは、私の名前を呼んでくれてもいいじゃないか。おせつと呼んでおくれ」

長松は長命寺の桜餅を買いに走らされる。その間、徳三郎はお嬢様と二人きりでご馳走を口移しで食べたりしているから、そら、長松は面白くないよ。

その様子を長松が旦那に喋ってしまう。

徳三郎には暇が出る。

若い男女が恋に落ちた。主従だっていいじゃないか。一緒にしてやれば。でも、親は世間体とか言うんだ。親はおせつに婿を迎える。婿を迎えちまえば、それで醜聞は回避できる、と親は考えた。

一方の徳三郎は、叔父の家に厄介になる。叔父はおせつが婿を迎えると聞き、徳三郎に言う。

「お嬢様だって、ああいうお方が婿になってくれればこんなに嬉しいことはない。私も奉公人をいいと思ったこともあったがそれは了見違い。あのお方と奉公人をくらべたら、月とスッポン、天と地ほどの違いがある。奉公人なんてババッチィとおっしゃったそうだ」

叔父は徳三郎を諦めさせようと思って言ったんだろうけれど、惚れた女は早々に諦められるものじゃない。

そこで、はじめて成就できない恋だとわかり、男は思い詰める。

徳三郎はおせつを殺して自分も死のうと刀屋へ行く。

一方のおせつ。「ババッチィ」なんて、これっぽっちも思ってはいないよ。はじめて好きになった男だ。徳三郎が忘れられず、婚礼の日に逃げ出した。

両国橋で二人は出会う。

「徳や、私はお父つぁんの言うことに背いて出てきてしまったからには、とても生きてはいられない」

「それなら私もご一緒に」

「未来とやらは夫婦だよ。南無妙法蓮華経」

若さゆえ、そういうことになるんだ。おせつ徳三郎は日蓮の加護か、お嬢様の世間知らずで命が助かる。たぶん、親たちもこの二人の恋は許して夫婦にしたかもしれない。

だが、多くの主従の恋は実らず、場合によっては心中ということになった。

男性免疫のないお嬢様と、お嬢様に憧れていた丁稚、身分差はむしろ、男女を簡単に恋に落とすものなのだ。

二、若者たちの熱い戦いの夜

「また一度、十七、八で這い習い」

意味よくわかんない。十七、八歳で這い這いを習う。そうなんだよ。男性は十七、八歳になると、這い這いをしなきゃいけなかった。

「夜這い」という風習があるのは、地方だけではない。江戸や大坂でもあった。日本全国、普通に行われていたといっても過言ではない。

「夜這い」とは何かというと、夜中、女性の部屋に男性がそっと訪ねていくことだ。なぜ夜中にそっと訪ねるのか。他の人にバレると面倒だから。他の人とは、女性の親とか、女中さんだとその店の主人。近所の人にバレても噂になるから困る。

秘密裏に女性の部屋を訪ねる方法として、床を四つ這いで行く。

夜這っていくから「夜這い」では、実はない。「呼ばう」が「夜這い」の語源で、ようは求愛の意味。

それが江戸時代、夜中に女性の部屋に這っていく男性、しかも褌ひとつ、場合によっては褌もはずして、その様子から「夜這い」の字が当てられた。

地方においては未婚の男女で行われた。婚姻の前哨戦として、男たちは意中の女性に夜這いを行う。親に見つからないように。で、既成事実を作って、一気に結婚へと運ぶ。そういう崇高な目的があった。

夜這いにはいくつかのルールがあった。地方によって細部は違うのかもしれないが、だいたい全国一律で原則は同じだ。

どの女性に夜這いに行くかの選択権は男性にある。だが、夜這いに来た男性を受け入れるか否かの決定権は女性にあった。

否と言われた男性はどうするか。そのまま褌一丁で、また四つ這いのまま、自分の家に帰る。その姿もまた哀愁があっていい。

また万が一、男性が部屋を間違えることもある。昔は、夜は暗かった。明るい月夜に行けば見つかるリスクもあるから、闇夜を選んで行った。で、リサーチ不足な男は間違えて、意中の女性の姉とか妹の部屋に行ってしまうこともあった。その場合は諦めて、姉や妹と結婚しなければならなかった。なかには婆さんの部屋に行ったなんていう笑い話もある。

お玉牛

上方落語。在所の話である。

お玉という美女を、茂兵衛が口説く。茂兵衛があまりに強引なので、今夜、夜這いに来ることを、お玉は了承してしまう。

困った、どうしよう。お玉は両親にすべてを告げる。

父親は怒った。どうしてくれよう。

確かに茂兵衛に選択権がありお玉を選んだ。だが決定権はお玉にあるはずなのに、茂兵衛は鎌を突きつけて無理矢理、「うん」と言わせた。

「夜這い」は唯一許された自由恋愛の手段。本来は許されることではないが、若い男女のための抜け道でもある。夜這いで既成事実を作って結婚へと運ぶ男性の思惑だったり、すでに他の男との結婚が決まった女性が好きな男性との思い出作りの一夜だったり、いろんな思いのある「夜這い」だが、それもこれも女性に決定権があるというルールの上で、押しかけて強引に関係を持つのは「夜這い」ではなく「強姦」という。

父親はその夜、お玉を別室に寝かせ、お玉の布団には牛を寝かせておいた。

夜、茂兵衛はやってきて、牛とは知らずに布団の中へ。

闇の中、茂兵衛と牛の仕草を見せるのが、この話の山場。

昔から、「夜這い」を拒む娘に、代わりの者が布団に入る話はいろいろある。

有名なのが『西遊記』で、猪八戒が夜這いに行くと、孫悟空が娘に化けて布団にいるという話。そら、豚の妖怪に夜這いに来られては、娘は嫌だろう。それを先行文芸に、『水滸伝』でも花和尚魯智深が娘の代わりに布団に入り、夜這いに来た山賊を懲らす話がある。これも娘と思ったら大入道という、ユーモラスな展開になる。

落語はさらに話を進化させて、牛というのが面白い。

引越しの夢

都市にも「夜這い」は存在する。もともとは上方落語だが、東京でも演じられている落語だから、大坂でも江戸でも、商家では日常的に、こんな風景が見られたのであろう。

商家というのは、手代や丁稚は住み込みで働く。番頭も所帯を持つまでは、一応個室は与えられるが、商家に寝泊まりする。

どういうことかと言えば、大店なら、それこそ、数十人の十二歳くらいから三十歳くらいまでの男性ばかりが共同生活を送っているということだ。

女性はいないのか。主人の家族はいる。だから前項のようにお嬢様と間違いを起こす奉公人もいる。それも奥向きの用事を言いつけられて、その奉公人がいい男という条件付きだ。

女中はいるが、たいていは奥向きの用事をやる。奉公人の世話をする女中は、たいていは婆さんを雇う。でなければ、間違いが起こらないくらい醜女（しこめ）だ。

ところが、店の運営権は番頭にある。主人が婆さんか醜女と言っても、

「生憎（あいにく）、桂庵（職業斡旋所）にこの女しかおりませんでした」

と美女を連れてきてしまえばしょうがない。桂庵は、チェンジはできるが、余分に紹介

料を取られる。

「まぁ、いずれ考えましょう。しばらくは、あなたにお願いします」ということになる。

さぁ、男ばかり数十名の中に美女が一人放たれる。

狼の中に羊を放ったようなものだが、この羊が強い強い。

「お向かいの松どん、今日はうちの店ね、早仕舞いしますよ」

「えーっ、いいなぁ。定どん、なんで早仕舞いなんですか」

「今日美人の女中さんが来たからね、番頭さんが夜這いに行くんですよ」

奉公人の中には十二、三歳の丁稚もいる。丁稚はなんでも知ってる。

新しく来た美人の女中おもよを狙っているのは一人じゃない。この夜は、集団夜這いが行われる。

いや、主人も防御態勢を取る。おもよを中二階の部屋に寝かせ、梯子(はしご)をはずし、扉には鍵を掛けるよう指導する。

それでも勇気ある、いや、ただのスケベエな男たちは、他の者が寝静まった隙に出掛けていく。結果はどうなるのか。二人の男は褌一丁で戸棚を担ぎ、もう一人の男は井戸に転落する。

「お玉牛」にしろ「引越しの夢」にしろ「夜這い」は命懸けだ。

いや、恋愛っていうのは命懸けでするものなのだ。

三、恋のマニュアル

「おーい、女が大勢歩いているぞ」

「女だ、女だ。大勢いるな」

「おい、年増（としま）がいるぞ。いい女だなぁ。お前、年増は好きか」

「俺は年増は大好きだ。いい女だ。あの女のためなら命はいらねえ」

「おい、次に来るのは若い娘だ。お前、若いのはどうだ」

「若いのも好きだ」

「お前、誰でもいいのか」

「あの女のためなら命はいらねえ」

「お前、命がいくつあっても足りねえなぁ。次は後家さん（未亡人）だ。喪服が似合うね。いい女だ」

「後家さんはたまらねえなぁ。俺のカカアも早く後家にしたい」

男は寄ると触ると女の話だ。

どうすれば女にモテるか。それればかり考えている。

上方落語「色事根問」で、「女が惚れる男の条件」を十個掲げている。

「一見栄、二男、三金、四芸、五精、六オボコ、七科白、八力、九胆、十評判」。一見栄とは見た目、つまりルックスだ。やはりいい男なのは女性が惚れる第一条件だ。二男は男気、男らしさ、二番目に大事なのは内面ということだろう。三金は、経済力。四芸は、唄とか踊りとか、なんか芸事ができるといい。五精は元気なのがなにより。六オボコは純情な男というのも、モテる条件に入っている。年増が放っておかない。七科白、口説き文句というのも大事だ。八力、女性が持てない重たいものをひょいと持ってあげたりすれば、その姿に女性は惚れる。九胆、度胸が据わっているというのも肝心。で、十評判、他人から好感を持たれている、評判がいいというのもモテる条件だ。

落語では、このうちひとつでも当てはまるものがあれば、女性が惚れると言っている。

稽古屋

男は顔もたいしたことないし、男気も金もない。でも、女にモテたい。何か芸事ができれば女にモテるかもしれないと言われ、町内にある稽古屋の師匠のところへ行く。

稽古屋の師匠というのは、俗に五目の師匠と呼ばれ、唄でも三味線でも踊りでもなんでも教えてくれる。元芸妓なんかに多い。それなりの旦那の妾（めかけ）になったりしたが、旦那が死んで生活のため、昔とった杵柄で芸事を教えている。

子供の踊りや、町内の隠居の道楽の唄なんかを教える。独身の若い職人連中は、乙な年増の師匠をものにしようと集まってくる。皆で師匠を張り合うから「経師屋（きょうじや）（ふすまなどの表装をする職人）連」、あわよくば師匠となんて思っているから「あわよか連」などと呼ばれたりもした。

そういう師匠があちこちにいて、落語でも「稽古屋」の他に「猫の忠信」「汲み立て」などがある。

「稽古屋」の主人公も、師匠がちょっと年下の乙な年増だから、すっかりその気にはなるが失敗ばかりする。

女にモテるほどの芸事が身につくには、時間と金がかかる。

女性の口説き方の基本は二つしかない。強引に口説くか、拝み倒す。近頃では、さり気なくがいいなんていう女性も多い。なんにしろ、男を磨くことは忘れないことだ。

粗忽の釘

強引に口説いた男の話。

粗忽者の大工が引越しをする。それだけで大騒動だが、女房から箒を掛ける釘を打ってくれと頼まれる。腕のいい大工だが、何せ粗忽者。八寸の瓦釘を壁に打ち込んでしまう。長屋の壁は薄い。隣に突き出して、事故になっては困るから、大工は隣に謝りに行く。「落ち着けば一人前」と女房に言われ、隣家に行った大工は、落ち着くためにはと煙草をつける。そこで釘の件をすっかり忘れ、自分たち夫婦の馴れ初めを話しはじめる。

「あっしが仕事に行った先で、女房が行儀見習いで女中奉公していたんです。あっしが弁当使っていると、鮭の甘いのを焼いて持ってきて、おいしくないかもしれないけれど食べて、なんて言うもんですからね。こら、あの女は俺に惚れているな、と思ったもんですからね、ある日、台所の隅で、出刃包丁を手に、言ってやったんです。俺はお前と一緒になりてえ、お前の返事はどうだ。うんと言えばそれでよし、嫌と言えばこの出刃だ。さぁ、どうする。うんか出刃か、うんか出刃か」

犯罪だよ。でも、うん出刃で、この男女は夫婦になった。

このあと、釘はとんでもないところに刺さっていて、また騒ぎは大きくなる。

つるつる

拝み倒す話。

幇間の一八は同じ置屋で寝起きをしている芸妓のお梅に惚れている。四年半の片想い。ある日、意を決してお梅を口説く。

「私はあなたに四年半岡惚れしている。私は三日でいい。どっか静かなところで、あなたとさしでご飯をいただきたい。三日が駄目なら二日でようがす。二日をあなたが嫌だと言うなら一日でいい。半日にしましょう。三時間。二時間にしましょう。一時間、三十分、十五分、十分、五分、三分、一分、なし」

何、カウントダウンしてるんだろうね。

「真剣ですよ、私は。あなたが女房になってくれたら、私は馬鹿な喜び。私はね、あなたが女房になってくれたら、親切にしますよ。親切株式会社の頭取になるよ、ホントに。あなたが朝目が覚めると、とたんに私が煙草を出す、あなたが起きたいと思ったらすぐに床をたたんで、あなたが憚りに行くと紙をもんでついていく」

幇間の平身低頭ぶりは最強だ。

湯水のように献身を語るんだ。

だが一八は酒にだらしがない。夜中の二時にお梅の部屋に行くと約束をするが、客に無理矢理酒を飲まされて、この恋は終わる。

女性が男性を口説く方法もある。これがなかなか難しい。

「据え膳食わぬは男の恥」、女性からアプローチされたら、たいていの男性は応じるものだと思ったら大きな間違い。あんまり凄いと男も怖じ気るものだ。

やはり、女性が男性を口説くのはさり気なくがいい。そして、男性の自尊心をくすぐる、これが一番効果的だ。

たとえば、女性が男性に「浮気しちゃ駄目」と言うのは、別に浮気を心配しているのではない。「あなたはモテるから心配だ」と相手の自尊心をくすぐっているのだ。

四、恋煩い

「お医者様でも草津の湯でも」

なんて言われるのが「恋煩い」。

すでに「紺屋高尾」「幾代餅」でも取り上げた。

意中の異性に想いを告げられずに病になる、なんていうのが昔はあった。

今は恋煩いなんて過去の異物か。現代では男性でも女性でも、気軽に交際して、意中の異性に告白して、駄目だったら「次行ってみよう!」。そんなことはない。むしろ、会社などで異性を誘ったら、セクハラになるかもしれない、とか。昔とは違う意味で思い悩む人も多いかもしれない。

恋煩いは、恋愛免疫のない人が陥ることが多い。現代でも高校生とかで、意中の人がいて勉強に手がつかなくなる、なんていうのはあるのかもしれない。

美しい病のようにも思われるが、実はそうでもない。頬骨が高くなり目がくぼんで、鼻水は出る、目糞は溜まる、見られた図ではない。

落語の場合は、若旦那がなる場合が多い。

崇徳院

若旦那が原因不明の病で床に就いた。医者に診せても、悪いところはないと言う。だが、起き上がれず、食も細くなる。このままでは衰弱死もありうる。

「これは気の病。何か心に思うものがあるのかもしれません。その思いが叶えば病は治るかもしれません」

名医に言われ、だったら心の思いを聞き出そう。若旦那の幼馴染みの熊五郎を呼び出す。

「若旦那、駄目ですよ。皆心配してるんだ。あっしに話してくださいよ。あっしがいいようにしますよ」

「医者にはわからなくたって、私はわかっている」

「じゃ、若旦那が医者になりねえなぁ。なんなんです、若旦那の病ってえのは。あっしになら言えるでしょう?」

「でも言うと、お前、笑うだろう。笑われると恥ずかしい」

恋煩いっていうのは、恥ずかしいものなのか。心の奥底を暴かれる恥ずかしさなのか。

若旦那は、上野の清水観音で出会ったお嬢様に恋煩いしていることがわかった。

お嬢様が短冊を渡した。そこには崇徳上皇の和歌の上の句だけが書かれてある。

「瀬をはやみ　岩にせかるる　滝川の」

下の句は「われても末に　逢はむとぞ思ふ」。

川の流れが速いので岩に当たって二つに割れてしまうが、いつかはひとつになる、あなたと今は離れても、いつか必ず逢いたいと思います。

つまりお嬢様も若旦那に想いを寄せている、少なくともまた逢いたいと思っている。

大旦那は倅の命が助かるならと、熊五郎にお嬢様を探させる。熊五郎は人の集うところで情報が得られるだろうと、お湯屋を三十六軒、床屋を四十七軒回るが、なんとお嬢様も若旦那に恋煩い、お嬢様の家に出入りの者たちが探していた。

ちなみに、崇徳上皇は、天皇の地位を奪った弟の後白河天皇を恨み、クーデターを起こすが敗れ、四国に流されて恨みのうちに死んだ。のちに多くの祟りを起こした。その崇徳上皇が、数百年後に恋の橋渡しをしようなどとは夢にも思わぬことだったろう。

肝つぶし

恋煩いは恋が成就すれば治るが、成就しなかった時はどうなるのか。

「お前、具合が悪いってえじゃないか。薬も飲まない。どうした」

「俺の病は薬なんか飲んでも治らない。俺の病はお医者様でも草津の湯でも」

「何を言ってやがるんだ。相手は誰だ、亭主持ちなら諦めなきゃならねえが、独り身なら俺が口を利いてやろう」

「ありがてえ。お前がそう言ってくれるなら言うが、この間、呉服屋に行ってな、そこの娘、年の頃なら十七、八、いい女。白縮緬を一反持ってきて、私の気持ちでございます、ってくれたんだ。俺は女からモノをもらったのははじめてだ。胸がいっぱいになって家に帰った。それから、その女の顔が目に浮かんでしょうがねえ」

そら、恋煩いの初期症状だ。翌日も女に会った。女のほうから男を訪ねてきたようで、家の近所でばったり会う。

「あなた、おかみさんはいらっしゃるの、って女が言うから、カカアなんぞは一度も持ったことはござんせん、って言ったら、私は秘かにあなたのことを想っていましたのよ、たとえ二日でも三日でもあなたの傍(かたわら)にいて煮炊きの世話がしとうございます、って女が言うんだ」

なんだ問題ないじゃないか、どうしたんだ？　家に連れていった。手を取り合った。

「そこで目が覚めた」

「なんだ夢か？」

「実は夢なんだ」

「煩うくらいの女だ。夢にくらいは見るだろう。その女はどこの呉服屋の娘だ」

「そこから夢なんだ」

この男の恋煩いの相手は夢の中の女。これは成就しようにもできない。恋の成就という特効薬がない恋煩い。医者に診せると、

「唐土にこんな話がある。ある富豪の息子が、玄宗皇帝の想い者、楊貴妃を夢に見て恋煩

い、これはどうすることもできない。戌の歳、戌の月、戌の日、戌の刻産まれの者の生き肝を食べさせれば治ると言われた。そんな人がいないかと探したら、ちょうど死刑になる罪人が戌の歳、戌の月、戌の日、戌の刻産まれ、その生き肝を食わせたら治ったという」

なるほど。恋の成就の他にも特効薬があるのか。病の男の友達の妹が、戌の歳、戌の月、戌の日、戌の刻産まれだった。友達は男を救うために妹を殺そうとする。

やはり、恋の成就以外の特効薬はないのであるが、厄介な病には違いない。

牡丹灯籠

恋煩いは男性だけでなく、女性もかかる。女性のほうが厄介かもしれない。

根津清水谷に住む裕福な浪人、萩原新三郎、ある日、医者の山本志丈と向島に梅見に行く。帰り道、旗本飯島家の別邸に寄る。そこにはお嬢様のお露が乳母のお米と二人暮らし。志丈は時々お露を見舞っていた。一種の気鬱病みだったから、若くていい男の新三郎と世間話でもしたら、気鬱病みの薬になる。

それから数ヶ月が過ぎたある日、志丈がひょっこり新三郎を訪ねてきた。

「飯島のお嬢様ですが、可哀想に亡くなりましたよ。あんたに焦がれて、焦がれ死になさった。いや、いい男と産まれるのは罪なものだ。お嬢様の供養だ。念仏のひとつもあげてください」

新三郎とお露は再会を約束していた。しかし、新三郎は浪人で、お露は旗本のお嬢様、これは身分違いの恋。会いに行って、もしも父親に見つかれば殺されるかもしれない。恐ろしくなった新三郎はお露に会いに行くことをためらっていた。

男はそれでいいが、女はそうはゆかない。いつまで経っても新三郎は会いに来ない。とうとう煩って死んだ。

思い込むと、女のほうが念が強い。

死んだお露が幽霊になって新三郎に会いに行く。

この世で添えぬならあの世でと。

心中じゃない。取り殺すという、強制心中。一途な切ない想いが、実は一番怖いのかもしれない。

五、妄想爆発

誰もが女にモテるわけじゃない。むしろ、江戸は男女比で男性のほうが多かった。ということは妻帯できない男性も多かった。だから、吉原や岡場所が発展した。そして、夜這いに命を懸けた。

とはいえ、金も命も懸けたくない男性も多くいた。そうなると、残るはひとつ。脳内恋愛、すなわち妄想とか夢である。

野ざらし

浪人、尾形某が向島で釣りの帰り、野に朽ちた人骨を見つけ回向(えこう)をする。夜、人骨が成仏できたことの礼に尾形を訪ねる。これがいい女だった。隣家の八五郎が様子を見ていた。

尾形から話を聞いた八五郎は、自分も人骨を回向して美女に礼に来てほしいと、尾形に釣り竿を借り、回向の酒を酒屋で買い、向島に行く。

大丈夫か。人骨、すなわち死んだ人。幽霊だぞ。

「生きていたって化け物みたいな女はいくらもいる」

こういうクスグリを入れる落語家もいる。

向島に行くと釣り人がたくさんいる。

「おーい、骨は釣れるかーっ」

「土手の上で、なんか叫んでいる人がいますよ。骨は釣れるか……。私たちはお魚を釣っているんですがな」

「何を、お魚釣ってます、騙されるもんか。骨を釣りに来たんだろう。スケベ。俺もそっちに行くぞ」

「あー、来ちゃったよ」

釣り人迷惑。八五郎は釣りなんかする気はない。

でも、黙って釣糸を垂れていると退屈でしょうがない。そこで、八五郎の妄想がはじまる。

「先生のところに来た女はちょいと若過ぎるね。俺は年増がいいよ。二十七、八、三十でこぼこ。色は年増にとどめ刺す、っていうからな。(歌う)あたしゃ年増が〜」

「野ざらし」の聞かせどころは、時々釣りながら八五郎の歌う唄。「サイサイ節」なんていうのが楽しい。

「真夜中ンなると女が訪ねてくるよ。『こんばんは、こんばんは』『おう、骨じゃないか、こっちに入んねえな』『そっちに行くと角生やす人がいるんじゃないのかい』『そんな女はいねえよ』」

女が男を口説く手練。浮気を疑うふりで、「モテるあなたが憎らしい」かなんか言われたい。女ができなくて骨でもいいと言っている男だ。そんな男だからこそ、自尊心をくすぐられたい。

「『お前さん、浮気なんかしたら承知しないよ』『俺は浮気なんかするものか。お前一筋だ』『嘘を言ったら承知しないよ』『どう承知しないんだ』『つねつねしちゃうよ』『やってみろい』『つねつね』『痛い痛い、やめてくれ』『じゃ、こちょこちょがいいかい。こちょこちょ』『おう、くすぐってえな』、つねつねつねつねつね、痛い痛い痛い痛い、こちょこちょこちょこちょ、くすぐったい、くすぐったい」ドボン。

「あー、あの人川に落っこった」

まわりは大迷惑だ。

湯屋番

お湯屋、今の銭湯に奉公した若旦那。番台に上がるも、楽しみにしていた女湯はガラガラ。男湯は混んでいる。

番台に座っていれば、暇だから妄想するしかない。

「そのうちに、私を見初(みそ)める女が現われるよ」

現われないよ。現われるもんか。

「若い娘は嫌だよ。別れる時に死ぬの生きるの面倒臭い。主ある女は罪になる。芸者衆なんてえのがいいなぁ」

そら、芸者衆はいいよ。

普通、惚れる相手は選べる。惚れられる相手は選べない。惚れられるのは、何が来るかわからないが、妄想だと、理想の相手が惚れてくれる。

「女中を連れて吾妻(あずま)下駄の薄いの履いて、カラコンカラコン、『お清や、今度来た番頭さんは乙な方だね』」

若旦那の妄想は広がる。女の家の前を偶然通り掛かり、家に上がって酒をご馳走になる。

「あんまり長居はいけないが、帰っちゃうのももったいない。そうだ。やらずの雨。『あら、嫌だ。すぐやむでしょうから、もう少し遊んでおいきなさいよ』。それが止まない。だんだん強くなってくる」

妄想だと自然も味方してくれる。

「雷が鳴る。『あら怖い、清や、蚊帳吊っておくれ』。女は蚊帳に入って、『あなたもこっちにお入んなさいな』。近くに雷に落ちてもらおう。カリカリカリ、ピシーッ、女は驚いて気を失う。ゆすっても起きないから、杯洗の水を口に含んで、口から口へ口移しってことになるんですけれど、ははは」

「なんだい、あの野郎、番台で踊ってるよ。おい、お前、どうした、血だらけだぞ」

「番台見てたら、うっかりして軽石で顔をこすっちゃった」

妄想する奴はいいが、まわりは命懸けだ。

浮世床

半ちゃんは芝居見物に行った。幕見（後方の立ち見席）で見ていると、桟敷を借り切って、お嬢様と女中二人きりで見ている。半ちゃんが音羽屋に掛け声を掛けていると、やはり音羽屋が贔屓（ひいき）のお嬢様に桟敷に呼ばれる。お嬢様は音羽屋が贔屓だが、女で恥ずかしいから掛け声が掛けられない。そこで、半ちゃんに代わりに掛け声を掛けてほしいと言う。お安いご用で、「音羽屋、音羽屋」。弁当もご馳走になり、芝居が終わると、お嬢様と女中は帰ってしまう。しばらくして、芝居茶屋の者が来て、「お嬢様が手前どもに参っております。どうぞ、こちらへ」と案内されて芝居茶屋の座敷へ。

このお嬢様というのが、年の頃なら、二十二、三、よく見ると二十五、六か、白粉（おしろい）落とすと三十二、三、寝起きの顔は三十七、八、戸籍を調べたら五十五、六。掛け値のないところで三十前後の乙な年増のお嬢様。

座敷で二人、盃を重ねる。女は目のふちが桜色になる。

唐紙開けると奥の間に布団が敷いてある。

半ちゃんが布団に入ると、女が、

「私、ちょっと頭が痛くなってきた。お布団の隅に入ってもいいかしら」

って女がツーッと入ってこようとした時に、

「半ちゃん、ひとつ食わねえかって、起こしたのはどいつだ」

全部、夢の話だった。

六、理想の相手は乙な年増

年増といっても、今と昔では感覚が違うのかもしれない。

だいたい、二十七、八、三十でこぼこを、昔は乙な年増といい、三十過ぎは大年増といった。まぁ、平均寿命が五十歳以下で、堅気の娘の適齢期が十五、六歳から、せいぜいが十八歳くらいの頃の話である。

とは言え、落語に出てくる登場人物の恋愛願望は、乙な年増であることが多い。

「野ざらし」「湯屋番」などの妄想でも、ほとんどが年増の話である。では、なぜ年増なのか。

「野ざらし」の八五郎は、「先生のところに来たのは若過ぎるね。やはり年増がいいな」と言っているから、これは単に八五郎の好みの問題だろう。

若過ぎると駄目で、年増がいい理由は、おそらく会話の妙があるかないかではないか。年増ゆえのフレンドリーな会話、粋とか乙という世界観を共有できる。若い娘は、恥じらいや初々しさはあっても、会話の妙を楽しむには至らない。

「湯屋番」の若旦那はもう少し具体的な言い方をしている。

「若い娘は嫌だよ。別れる時に死ぬの生きるの面倒臭い」

若旦那、別れることを前提に女と付き合おうというのか。それは若旦那だから、しょうがない。いずれは親が決めた相手を嫁にもらわなきゃならない。だから、遊びで付き合う女は別れが前提となる。

世の中には、好いて好かれた相手と結ばれる者たちもいる一方、親の決めた相手と結婚する者もいる。結婚相手と恋愛対象は別という考えがあっても仕方がない。

一方、男女の人口比や身分制度などの理由から、妻帯できない男性は多くいた。丁稚奉公をして番頭になる、あるいは職人に弟子入りして腕を磨く、そうした過程を経て、一人前になるには十年、二十年の時を要する。つまり、女性の適齢期が十代なのに対し、武家の子息や商家の若旦那でなければ、男性の適齢期は三十歳前後になる。

そうなると三十前後、あるいはそれ以上の年齢の番頭や職人が、十代二十代の若旦那らと十代の娘を張り合うのも何かと無理が生じる。いや、それなりの仲人が入って、年配の男性に若い娘が嫁入りすることも多かった。だが、なかなかそうはゆかない場合もあった。そこで、三十代の男性たちはセカンドチャンスに賭ける。

恋愛や結婚対象に、若い娘でなく、乙な年増を狙い目にする。

では、年増にはどんな人たちがいたか。まずは行かず後家、何かの理由で嫁に行かなかった女性。

次にホントの後家。夫が死ぬ、あるいは離縁された女性だ。病気になればほとんど治らない江戸時代だから、二十代三十代で死ぬ人もずいぶんいた。また、中年男性と若い娘の夫婦では、当然亭主は早く死ぬのであるから、後家も多かった。身分や家によって、婚姻には厳しいルールがあり、家風に合わない、だの、三年子なきは去れ、などの理不尽な理由で離縁される女性も多くいた。

元芸妓や遊女。年季が明けて、とくに行くところがなく、親元に帰ったか、稽古屋の師匠や小商人として独立した女性もいた。

実は江戸には、乙な年増の独身女性が、案外いた、ということで、年増が好きというのもうなずける。

ホントは若い女性が好きだけれど、江戸っ子の痩せ我慢で「年増がいい」と言っているのかもしれない。

年増が好きな男性には実利派もいる。夫が死んで財産のある後家、稽古屋の師匠など稼ぎのある女性をものにして、小遣いをもらおうという男性もそこそこいた。まぁ、いい男という条件もあるのだが。

包丁

久次と寅が久々に会うと久次は羽振りがよさそうだ。久次は寅に鰻をご馳走してくれる。

「あの頃はお互い、にっちもさっちもゆかなかった。実はな、ふとしたことから、俺はこの先に住んでいる清元の師匠と乙な間になってな」

「殴るぞ、この野郎」

「まぁまぁ、そんなことで、清元の師匠のところへずるずるべったりで入り込んで、亭主みたいなもんだ」

「その師匠ってえのはいくつだ」

「三十一だ」

「年増盛りじゃねえか。うまくやりやがったなぁ、こん畜生。まぁ、お前はいい男だからなぁ」

清元っていうのは江戸浄瑠璃で、江戸後期におおいに流行って、現在でも舞踊曲にも使われている。清元の師匠なら、町の五目の師匠よりも稼ぎのいい乙な年増なんだろう。いい男だと、ずるずるべったりで亭主になれる。で、小遣いもらって、友達に鰻もご馳走できる。

だがね、友達だからって、何もなく鰻は奢らない。話はわけありだ。

久次は脇に若い女ができて、清元の師匠、おあきと別れたいという。

なんだよ。年増は金蔓で、やっぱり若い女がいいのか。

「そこでお前に頼みがあるんだ」

寅がおあきを口説き、二人がいちゃいちゃしているところへ、包丁を手に久次が乗り込み、おあきと別れて、手切れ金もせしめよう。場合によっては、田舎の芸者屋におあきを売り飛ばそう、くらいのことも考えている。

久次の企みは失敗する。落語だからね。寅はダボハゼみたいな顔で決していい男ではなかったが、歌沢なんかが得意でいい喉だった。芸のひとつもできると男はモテる。ましてや、女は清元の師匠だ。芸のよし悪しもわかる。おあきのほうが一枚上手で、久次の企みは露見、おあきは寅を新しい亭主にし、久次はおあきが買ってやった着物も取られ、ボロ一枚で追い出される。

いい男でも、若い女に乗り換えようなんて了見では駄目だね。

酢豆腐

若い女が好きだなんていう江戸っ子はお門違い。

お話は、若い者が集まって酒を飲みたい、何がつまみによかろうか、というただそれだけ。古漬けという提案がなされたが、江戸っ子たちは誰一人として、糠味噌桶に手が入れられない。

そこへ建具屋の半ちゃんがやってくる。

「なんだい、お前ばかり女にモテやがって。女殺し、後家殺し」

「えっ？　ようやく世間の女にも了見がわかってきやがったな」

「小間物屋のミイ坊が言っていたぜ。お前に首ったけだってな」

「えっ？　小間物屋のミイ坊がなんて言ってたって」

半ちゃんは小間物屋のミイ坊に岡惚れしている。ミイ坊は小間物屋の看板娘。坊って呼ばれているんだ。十代前半だね。

もちろん、ミイ坊が半ちゃんに岡惚れなんてえのは嘘話だ。ミイ坊が「私は半ちゃんの男気に惚れたんだ。半ちゃんは人にものを頼まれたら嫌とは言わない男気のある江戸っ子だ。そういう立て引きのあるところに惚れたんだ」と言っていたと持ち上げて、

「糠味噌桶の中から古漬けを出してくれ」

こういうのが落語の醍醐味だね。

別に古漬けが目的じゃない。少女に惚れていい男気取りの半ちゃんを、町内の連中がギャフンと言わせてやろうと思ってのことだ。

町内の小町娘、アイドル的な少女は、皆で守ってあげなきゃいけない、町内の男たちにはそういう意識もあるのかもしれない。

七、爆走!! 肉食女子

女性が男性を口説く場合、そら、いろんな手練はあるのだろう。

「強飯（こわめし）の女郎買い（子別れ・上）」で、熊五郎の帰り際に女が言う一言、「また来ておくれよ、大事な話があるんだ」

たぶん、話なんて何もないと思う。でも「大事な話」なんて言われると、男は期待する。いい話かもしれない。悪い話かもしれないが、その時は力になってあげよう。男は頼られると嬉しい。話があるってえんだから、近いうちに行かねばなるまい、ということになる。

遊女や芸妓は、男がワクワクするような言葉や手だてはいくらも持っている。では、若い堅気の女はどうか。どうやって男を口説くのか。若けりゃ、それでいいじゃないか。そうなんだけれど、男なら誰でもいいわけじゃない。意中の男がふり向いてくれない時だってあるよ。

宮戸川

主人公はお花。小網町の舟宿の娘で、年齢は十七歳。

舟宿というのは、吉原通いの猪牙（ちょき）舟や、大川で遊ぶ屋根舟なんかを用意する仕事で、そういったお遊びのコーディネーター業。そういう家の娘だから、男女のことも経験こそなけれど万事心得ているのである。

お相手は半七。お花が住む家の隣の若旦那。たぶん、一歳か二歳、お花より年上で幼馴染み。小さい頃は一緒に遊んだんだろうが、「男女七歳にして席を同じゅうせず」。年頃になると、あえてお花を避ける。そして、半七はなかなかのいい男。だからお花は半七にふり向いてほしいんだ。

だが、半七はお花には関心がない。お花というよりも、女に心を許してはいけないくらいに思っている。結婚はするだろうが、親の言う娘を嫁にもらい、真面目に働き、たまに将棋くらいはしても、家と財産を守り次の世代に継ぐという考え。これは当時の商家の子息ならごく当たり前の考え方だ。

お花にチャンスがおとずれる。お花が友達の家でカルタ遊びをして帰宅が遅くなった。親が懲らしめにと、家の戸を閉めて入れてくれない。どうしようかと思っていると、隣の家では半七がやはり将棋で帰宅が遅くなり、締め出しを食っているところだった。

「半ちゃん、これから、どうするの」

「霊岸島に叔父さんがいるんです。そこへ行ってひと晩泊めてもらおうと思うんです」

「ねえ、半ちゃん、私も叔父さんの家に行って泊めてもらうわけにはいかないかしら」

おそらく、お花が締め出されたのは一時の懲らしめのためで、いくらなんでも十七歳の娘を夜中に放り出す親はいない。そんなことはお花もわかっているが、ここで半七を放したら、いつまた会えるかわからない。夜中だ。絶好の機会だ。小網町から霊岸島は目と鼻の先だが、霊岸島まで歩くだけでも、幸福な時間を過ごせる。

霊岸島は現在の茅場町のあたり。島ではないが、まわりを堀と川で囲まれていて、橋を渡らないと行かれなかった。

だが、半七はお花を拒む。

「駄目ですよ。あなたは肥後の熊本へ行きなさい」

お花の親戚が肥後にいると言ったから。そんな意地悪を言うのも男心か。お花に優しくしたら、自分の意志がぐらつく。で、お花を置いて、走って逃げる。しかし、お花は速かった。半七を追い越していく。

ホントに速かったのか。江戸時代の人は基本、走らなかった。走っていいのは、武士と飛脚だけだ。武士であっても走っていいのは戦場だけで、走る行為が武芸のひとつであった。もし街中で走っている奴がいたら、泥棒に違いないと皆に取り押さえられた。

半七は走り慣れていない。お花だって走り慣れていない。ましてや女だ。だが、ここで半七を逃がしたら次があるかどうかもわからない。お花は適齢期だから、親の決めたところに嫁に行かされてしまうかもしれない。必死だ。覚悟が違う。だから、速い。

真夜中だ。霊岸島の叔父、九太夫妻はとっくに寝ていたが、半七が戸を叩くので起きてくれた。

「誰だ、半七か。また将棋でしくじってきたのか。たまには女でしくじってきたらどうだ。叔父さん、今度こういう女とこういうことになりました。そう言われれば、一肌でも二肌でも脱ごうってもんだ」

あらら。霊岸島にはお花の強い味方がいたよ。

そもそも結婚というのは家と家との結びつき。つまり「公」のこと。そこに恋などという「私」が入り込むことは、一般的には許されなかった。しかし、江戸の人に恋という感情がないわけではない。いつまでも一緒にいたいという思いの結論が結婚なら、その恋を成就させてやろう、というのが九太の考えだ。九太は「公」より「私」を重んじる人物だ。九太自身が二十歳の時、富本の稽古で知り合った三歳年下の娘との恋を成就させている。それが今、九太の横に寝ている「婆さん」なのだ。

「半公、やりやがったな!」

「違うんです。叔父さん、この人は」

「言わなくてもわかっている。叔父さんが飲み込んだ。万事、俺に任せておけ」

叔父さん、仇名を「飲み込みの九太」という。他人の話を聞かない人。おまけに義理固く世話好き。しかも半七は可愛い甥だ。半七が若い女を連れて夜中に訪ねてきた。恋仲になったが、半七の親かお花の親、おそらく両方の親が反対して、仕方なく駆け落ちをしようと自分を頼ってきた。そう飲み込んだ。

九太は二人を二階に上げる。二階ったって、屋根裏のような部屋で、おそらく物置代わりにしている。取りはずしのできる梯子で上り降りする。布団が一組あるというのは、おそらく締め出された半七が何度かきて泊まっているからだろう。

半七とお花を二階に上げたら、九太は梯子をはずす。

密室に二人きりだ。

半七は帯を解いて布団の真ん中に置く。境界線だ。

「いいですか、こっちが日本橋、そっちが京橋です。京橋の人は日本橋に入っちゃいけませんよ」

「おいおい、婆さん、若い者は気が早い。日本橋だ、京橋だって、もう新居の相談をしているよ」

明治から戦前くらいまでの口演だろうか。区制ができて、境界線が敷かれた。

境界線を境に背中合わせに寝た二人だが。

いい塩梅に雨が降る。そして、雷が鳴る。

「半ちゃん、雷、私、怖い」

別に怖くなんかない、と思う。

娘ならではの手練。自分を弱く見せる。だから、守ってください。

これも男の弱いところだ。男でなくてもね、人間には子供とか動物とか、自分より弱いものを守りたいという優しさがある。現代なら、男性が強い女性に使ってもいい手だ。

そうやってだんだんに女の術中にはまる。

やがて、うまい具合に近くに雷が落ちる。

お花、二度目の爆走がはじまる。

この先は、本が破れていてわからない、というのが「宮戸川」の落ちで、「宮戸川」というのは隅田川のことで、隅田川にはいろんな別名があった。「宮戸川」という地名は、後半の話に登場する。

第四章　禁断の恋物語・不倫の掟

「一盗、二婢、三妓、四娼、五妻」という言葉がある。

何かというと、男性の性的な対象として、快楽を得る相手の順位をいうらしい。

「一盗」は盗む、すなわち、他人の女房。不倫の関係。これが一番燃えるんだそう。背徳感ということか。

「二婢」は自分の家で雇っている女中。現代で言えば、会社の部下の女性と関係を持つことになるんだろうか。

「三妓」は芸妓、「四娼」は娼婦。つまり金銭を媒介とする性的関係は、このくらいに位置する。

で、「五妻」、自分の妻との関係が一番つまんない。失礼な話だね。でも面白いのは、自分では「五妻」が、他人にとっては「一盗」になるんだ。


「人の女房と　枯れ木の枝は　登りつめたら　先がない」

これは都々逸（七・七・七・五）。

皆が口を揃えて言う。「人の女房だけは駄目」。でも、文学でも演劇でも、落語だって、不倫を題材にした作品は山のようにある。

一、不倫のルール

不倫。倫理に反するわけだ。

女性が夫以外の男と交わる。

昔は姦通罪があった。

江戸時代なら、不倫妻と相手は夫に殺生権があった。すなわち、重ねて四つにできた。ある剣の達人が妻の不倫現場に踏み込んで、一刀で、上の男性だけを二つにして妻は傷つけなかった。達人の妻なら安心して不倫もできるが、不倫の時は、女性は上になってはいけない。

武士は斬ってもよかったが、町人は示談ということになる。「間男は七両二分」などという。七両二分というから約七十五万円が示談金の相場。これは享保の頃に、大岡越前守が示談金を大判一枚、十両と定めたが、その後金相場が下落し、大判一枚の価値が七両二分になった。

七両二分

これは小噺で、不倫噺のマクラで演じられる。

八五郎が、熊五郎の女房といたしているところへ、熊五郎が踏み込んだ。熊五郎は示談金七両二分を出せと言う。七両二分なんていう大金は八五郎にはない。仕方がないので、八五郎は自分の女房に土下座して謝り、なんとか七両二分を作ってくれるように頼む。

「まったく、お前さんっていう人は碌(ろく)なことをしないねえ」

「すまない。魔が刺した。一度だけのことなんだ」

「一度だけなのかい」

「ああ、一度だけだ」

「じゃ、お前さん、熊さんのところへ行って十五両もらっておいで」

持つべきものは女房だ。

紙入れ

不倫にはいろんな約束事がある。

あるお店の内儀(おかみ)、出入りの貸本屋の新吉を誘惑した。新吉は純情な美男だ。

内儀から新吉のところに手紙が来る。「今夜旦那は仕事で帰らないから、遊びにおいで」

旦那にも世話になっている。裏切っていいのか。

「旦那がお前を贔屓（ひいき）にしているのは、私が新さんをお願いって言っているからだよ。私に逆らったら、どうなっても知らないよ」

女は怖いね。脅したり、しなだれかかったり。男は翻弄される。

新吉は誘惑に負ける。

夜中、内儀のもとを訪ねる。

「今、帰りました。おい、起きているか」

旦那、帰ってきた。

新吉はあわてた。着物抱えてグルグル回り出す。犬の排便みたいになっている。

そこへいくと女は落ち着いたものだ。新吉を裏から逃がして。

ギーバタン。厠（かわや）の戸を開けて。

「はいはい。今、開けますよ」

悪いことはできないね。新吉はなんとか逃げた。でも見つかりはしなかったかと不安でしょうがない。忘れ物はしていないか。確認したら、大変だ。紙入れを忘れてきた。しかもその紙入れは旦那にもらったものだ。さらに、紙入れには内儀からもらった手紙が入っていた。

旦那が紙入れを見つければ、

「これは新吉にやった紙入れだ。なんでこんなところに新吉の紙入れがあるんだろう」

なかを改めたら、内儀の手紙。アウト!!

どうすればいい。

新吉の選択肢は二つだ。ひとつは謝る。贔屓にしてくれている優しい旦那だから、もしかしたら許してくれるかもしれない。だが、贔屓にしていた新吉に裏切られた、怒りも大きいかもしれない。

もうひとつは逃げる。今夜のうちに荷物をまとめて江戸を離れて、他所(よそ)の土地へ行く。追っては来まい。だが、今まで培ってきた顧客や信用をすべて失う。

だが、紙入れが旦那に見つかってない可能性もある。

とりあえず、明日、旦那を訪ねて探りを入れてみる、というのはあるかもしれない。見つかってないのに逃げたら、逃げ損だ。

新吉はその夜はまんじりともせず、翌朝早く、旦那を訪ねる。

旦那は新吉のおどおどした様子に、何か悩み事があるんじゃないかと心配する。

「女だな。図星だろう。お前は男前だから女も放っておかないだろう。なんなら俺が口を利いて仲に入ってやってもいいぞ。相手はどこの誰だ」

言えるわけがない。

「お前は芸妓や女郎じゃあるまい。どっかのお嬢さんか女中か、誰でもいいや。ただひとついけないものがある。他人の女房だ。これだけは駄目だぞ」

あちゃーっ。一般論で言っているだけか、知っていて、言っているのか。微妙だ。旦那は新吉の表情の変化を見逃さない。

「お前、それはいけねえぞ。どういうことをやらかしたんだ。言ってみな」

強く言われて、とりあえず新吉は旦那の様子を見ながら事情を話す。贔屓の内儀に誘われて、夜に旦那が帰ってきて、紙入れを忘れた。紙入れのなかに手紙、それを見られたら江戸にはいられない。

「馬鹿野郎、他人のかみさんからもらった手紙を後生大事に持っている奴があるか。そんなのは読んだら、すぐに捨てちまうんだ」

なるほど。証拠隠滅は大事だ。不倫の鉄則だろう。

「おい、聞いたか。新吉の野郎、いい間のつもりで、どっかのかみさんと。お前からもなんか言ってやれ」

「新さん、よく考えてごらんよ。亭主の留守に若い男と浮気しようっていう女だよ、そこにぬかりはないと思うよ」

内儀が出てきて言う。

ぬかりがないんだ。

「新さんを逃がして、旦那を入れる前に、忘れ物がないかをよーく見て、そこに紙入れがあったらすぐに隠して、あとでそっと、新さんに渡すんじゃないかと、私は思うよ。ねえ、旦那」

「そうともよ」

いやーっ、バレてなかったようだ。

この内儀は慣れているのか。不倫なんかしようという女は、用心深いものなんだ。

不倫のルールとは何か。男も女も、とにかく、絶対にバレないようにやる、ということだろう。そうすれば、皆、幸福になれる。

二、本妻とお妾さん

武士は長子相続が原則。つまり男子の子供がいなければ家の存続が危うかった。最終的には養子も迎えられたが、手続きが面倒であったりしたので、馬鹿でも間抜けでも、男子を産まねばならなかった。だから、下級武士であっても、本妻以外に妾（めかけ）を持つこともあったのだ。その必要があった。

一方、町人は、前にも書いたが、長子相続ではない。商才のある者が跡を継いだ。そら、親として、息子に跡を継がせたいという心情はあっただろう。だが、もし息子ができなければ、別に他の誰かが継いでも慣習としては何も問題はなかった。つまり妾を持ってまで子供を作る必要はなかった。

商家の主人が妾を持つのは、財力の誇示、あとは当人がスケベかだ。

寛容な奥様もいただろうが、たいていは揉め事の種になる。

落語には「奥様VS.お妾さん」を題材にしたものは多くある。

悋気の火の玉

主人公は蔵前の米問屋の旦那。もの堅い人物だったが、商売の付き合いで吉原へ行き、遊びの楽しさを知ってしまった。もともとの商人である。算盤（そろばん）をはじく。吉原の遊びは金がかかり過ぎる。で結論、馴染みになった芸妓を身請けして、根岸の里に囲った。お妾さんにしたのだ。

根岸の里っていうのは、今の鶯谷の近く。江戸時代は閑静な場所で、隠居所やご妾宅なんかも多かった。

そうなると、長年連れ添った古女房といるよりも、そら、お妾さんといるほうが楽しいから、ご妾宅にいることが多くなる。奥様の怒りが爆発する。

「畜生、あんな女がいるからいけない」

呪い殺してくれようってんで、五寸釘を買ってきて丑の刻詣り。

そういうことをすればお妾さんの耳にも入る。お妾さんも元は芸妓で気が強いから、

「五寸釘だって。本妻なんかに負けてはいられないよ。お清や、六寸釘買っておいで」

「なんだって？　根岸が六寸釘だって？　負けるもんか。七寸釘買っておいで」

人を呪わば穴二つ。

本妻と妾が同じ日に死んだ。旦那は弔いを二つ出す羽目に。しかも、本妻と妾が火の玉になって、江戸の上空でバトルを繰り広げる。

妾を持とう、なんていうのは、本妻、妾の両方に気遣いができなきゃいけないんだ。

なんで本妻は妾に焼餅を妬くのか。江戸の昔は女性の地位が低かったというのがある。旦那の気持ち次第では、本妻の地位も脅かされる可能性もあるからだ。旦那が先に死んだ時、息子が家を継いでいれば主人の母で安泰だが、妾の子が跡でも継ごうものなら、死活

問題にもなりかねないのだ。

権助提灯

　とは言え、本妻の地位はある程度は守られる。旦那のスケベはある意味、病気みたいなものだから。寛容に見守るというのも本妻の知恵だろう。

　江戸は火事なんかも多かったから、風の強い晩は誰でも不安で、眠れない一夜を過ごすこともあった。

「うちには奉公人も大勢おりますから大丈夫ですけれど、心配なのは、あれのところですよ。あれと女中しかおりません。こういう時に行ってあげると、女は心強いものです。あなた、あちらに行ってあげたらどうですか」

　と本妻が言う。

　できた女房なのかね。男手がなくて不安だろうから妾宅に行ってあげたら、と本妻が言うんだ。

　でもさ、風の強い晩で、そんな晩に歩いて妾宅まで行くのだって億劫だよ。でも、本妻の気遣いを無視するわけにもいかない。

「わかりました。今日はあちらに泊まるとしましょう」

供に田舎者の権助を連れて、妾宅へ。

「わーっ、嬉しい。私のような者は、奥様に恨まれたり、世間から冷たい目で見られるのが普通でしょう。なのに奥様、ホントによくしてくれるの。こんな時に気を遣ってくれて。普段からもお着物いただいたり、お土産の折をいただいたり。私はホントに果報者よ。だから、私が甘えてあなたをうちに泊めたら、もののわからない、義理を知らない、ずうずうしい女になってしまうわ。だから、お願い、家に帰って」

わざわざ来たのに帰る羽目に。

「おい、権助、提灯に火を入れろ」

こうして、旦那と権助は一晩中、本宅と妾宅を行ったり来たり。

歩いていると退屈だから、権助が無駄口を叩く。旦那は苛々して権助に小言を言う。

「お前は無駄が多い」

「旦那、気がつかないで言っているだかね。一人いりゃいいものを、銭出してもう一人置いて、お前さんのほうが無駄ではないか」

田舎者は客観的に鋭い指摘をするんだ。

何かと面倒だから。旦那が妾を奥様に隠す場合もある。

でも夜に出掛けていけば、誰だって怪しむ。

そうなると、奥様の気心の知れた奉公人に旦那を尾行させたり、無理矢理供につけたりする。

権助を供に行かせる「権助魚」などがある。

小僧の定吉に尾行させるのが「悋気の独楽」。お妾さんに独楽をもらって、定吉は買収されちゃう。

妾馬

庶民は何かと大変だが、武家も、それも大名ともなるとスケールも違う。

お駕籠で市中を通行のおり、気に入った娘がいれば、すぐに家臣を大家の家へ走らせる。

「この長屋に年頃十七、八、容姿よい女子がおろう。あの者はそのほうの支配内の者か。左様か。内々のことであるが、殿のお目に留まった。奉公にあげよとのお言葉じゃ、お前から話をして奉公にあげるよう申せ」

女中奉公じゃないよ、妾奉公だ。大家は行政の司でもあった。大家に言われれば「否」とは言えない。いや、相手は大名、相応の支度金も出る。

支度金が出ると聞いた兄の八五郎、

「いくらもらえるんです」

「いくら欲しい。お前のほうで望みがあれば、向こうに聞いてやる」

「いくらって言われても見当がつかない」

「一本でどうだ」

「一本っていうと、一貫（約二万五千円）ですか。それはちょっと少ない」

「馬鹿野郎、相手はお大名だ。一本っていえば百両（約一千万円）だ」

「うははは、ありがてえ。やりやしょう」

誰でもそうなる。

この見初めた娘が男子を産んだ。お世取り。大名の跡継ぎになって、娘はご生母様。八五郎も武家に取り立てられる。

三、美人局

美人局っていうのは何かというと、自分の女房とか恋人とかに別の男を誘惑させて、いい感じになったところに飛び込んでいって、「俺の女に何するんだ」と脅して金を得る商売。商売なのか、まぁ、そういうのが昔はあった。今もあるのか。

何せ姦通罪のあった時代だ。というか、そこそこの地位があったり、奥さんがいたりすると、「間男」なんていうと世間的にも信用を失いかねないから、わずかな金ならと、いくらか支払う。恐喝の基本だ。

つづら

主人公の男は博打で借金まみれ。女房と子供がいる。子供は貧乏でいじめられているが、その日は女房が仕立て下ろしの着物を縫ってやったので喜んで、着物を抱いて寝ている。男が金策に出掛けようとすると、近所の荒物屋の婆さんに呼び止められる。婆さんは男が留守の間に、女房を訪ねてくる男がいるので気をつけたほうがいいと言う。

子供がなぜ仕立て下ろしの着物が縫ってもらえたのか。当然、生地を買ってくれた人がいるからだ。表通りの質屋、伊勢屋の主人、女房子供がいない初老の男。金はあるが寂しい日々を送っていた。

掃き溜めに咲いた野草のような女房に岡惚れしていたんだ。秘かに女房に想いを寄せているのが唯一の楽しみだった。そして、女房の苦労を知った。ささやかな援助をした。ついに、亭主の留守の日に逢うようになった。

伊勢屋にはもちろん、スケベ心もあるのだが、女房の困窮を見ていられなかった、というのもあるんだ。女房は伊勢屋に助けられた。女房には伊勢屋の主人への気持ちはない。ただ、伊勢屋からもらった銭で、子供に飯が食べさせられた。新しい着物も縫ってやれた。伊勢屋は亭主の借金で一番たちの悪いもの、すなわち博打の借金で日々家に取り立てに来るやくざ者たちのぶんを返済してくれた。それには感謝しかない。感謝を返す手段が、何度かの密会しかなかった。

亭主が飛び込んで来る。女房はとっさに、伊勢屋の主人を葛籠のなかに隠した。

この噺、十代目金原亭馬生で聞いたことがある。なんとも切ない、やるせない噺だ。

亭主に伊勢屋を殺させてはならないんだ。

「私を殺してもかまわないが、この葛籠だけは開けないでおくれ」

女房は必死で言うんだ。

亭主はすべてを理解するのだが、どうしても収まりがつかない。

間男をされるというのは、男の顔に泥を塗られるようなものなのだろう。亭主は葛籠を担いで伊勢屋に行き、夜中なのに番頭を叩き起こす。

「この葛籠を七両二分で質にとってほしい」

「この汚い葛籠を七両二分で？　何かのご冗談でしょう。中身はなんでございましょうか」

「中身は、屑みたいなものが入っている」

「屑みたいなものが入った汚い葛籠、七両二分なんてとても無理ですね」

「そうですか。だったら、この葛籠を川に沈めますが、よろしいか」

「あなたの葛籠ですから、川に沈めようが、火をつけて燃やそうが、お好きにどうぞ」

何も知らない番頭が言うのが、唯一の笑いどころだ。結局、中身が主人とわかり、番頭はあわてて七両二分を払うことになる。

七両二分は間男の示談金の相場だ。

美人局ではない。結果として金を受け取った。

七両二分という金が多いのか少ないのか、しかし、その金額で亭主も怒りの矛を収めた。

伊勢屋にとっては親切だったのかもしれないが、それでも間男の罪は重い。

駒長

長兵衛はあちこちに借金があって首が回らない。なかでもたちが悪いのは、損料屋（衣料品や日用品のレンタル業）から借りた品物を質に入れてその金を使ってしまい、損料賃も払っていない。

「しょうがねえじゃないか。ないものは払えない」と長兵衛は女房のお駒に言う。

確かにないものは払えないね。

「頭下げて借金は待ってもらっても、そのあともどうにもならねえんだ。そこで俺は考えた」

何を考えたんだ。こういう人間はどうせ碌なことを考えない。

「いいか。あの上方者の損料屋の丈八って野郎は、お前に首ったけなんだよ」

「あの男が私に首ったけってホントかい」

「足駄履いて首ったけなんてもんじゃない。竹馬乗って屋根上がっていやがる。うちに来て俺と話をしていてもお前のほうばかり見ている」

「嫌だよ、気持ちが悪い」

「第一、俺に銭がないのを知っていて、払えないのを知っていて、何度も損料の銭を取りに来るのは、お前に会いに来ているんだよ」

なるほど、観察眼はあるんだ。いや、損料屋は損料賃で生活してるんだ。取りに来るのは当たり前だし、品物だって返してないんだ。ちょっとやそっとでは諦めない。

長兵衛はお駒が丈八に宛てた贋(にせ)の恋文を証拠だと言って、丈八を脅すつもり。ただの美人局じゃないね。言い掛かりだ。

「野郎、俺の女房に手出しやがったな、生かしちゃおけねえって、台所から包丁持ってきて、これをピカピカピカピカって光らせて」

「うちの包丁は錆びていて光らないよ」

「じゃ、俺が口でピカピカって言うよ。それでもって、野郎の損料品と銭ふんだくって、おととい来やがれって叩き出して、それ持って、お前と二人でずらかっちまおうと、こういう考えだ」

美人局じゃないね、ただの強盗だ。

落語だから。この美人局は失敗する。

こんな男だ。女房もいい加減、呆れ果てていた。

丈八がお駒に惚れているというのなら、

「ホントはね、私はあんな人とは一緒にいたくないのよ。でも、別れるなんて言ったら乱暴するでしょう？　私は丈八さんみたいな親切な人と一緒になりたいよ」

そう言って、お駒は丈八を誘った。

「わたいはもともと上方の者や。向こうに仰山知り合いもおるからなんとかなる。だったら一緒に上方へ逃げようやないか」

美人局なんて企てたもんだから。嘘から出た誠。お駒は丈八と手に手をとって逃げた。

あとに残るは長兵衛ひとり。時間を繋ぐ間、友達の家で酒を飲んでいたら寝ちまって、翌朝、包丁持って表へ飛び出す。

間男も美人局も碌なもんじゃない。落語は笑いのうちに教えてくれる貴重な教科書でもある。

四、悪女の不倫と近代の道徳

世の中には悪女というのがいる。

不倫をやろうなんてえ女は悪女か。

いやいや、やり方によるんだ。

不倫にも実はいろんな種類がある。

一言で「不倫」と言ってもさまざまなケースがある。おおむね次の四つになる。

一、一度だけの過ち。ほら、同窓会とかで、初恋の相手に会ってみたいな。ドラマであるけれど現実ではないね。会社の飲み会でつい、のほうが多いか。そんなのは忘れることだ。過ちは誰にでもある。こんなのは悪女のうちに入らない。

二、夫（妻）公認の不倫。武家の側室なんていうのはこれに当たる。女房を上司に差し出して出世する、なんていうのもあるかもしれない。

三、夫（妻）にバレないように、末永く付き合う不倫。鉄壁の覚悟でバレないようにやるしかない。用心に用心を重ねて、一切の痕跡を消す。それができないなら、やらないことだ。できれば、それは悪人、悪女として立派だ。悪も極めれば、たいしたものだ。

四、ゆくゆくは夫（妻）との離婚を前提とした不倫。ところがね、夫（妻）が別れたくないと言う場合もある。その時はどうするか。別の方法で排除するしかない。夜逃げは、自分たちを排除する。だが、相手を排除するという、悪の道も残されている。

塩原多助一代記

三遊亭圓朝・作の人情噺「塩原多助一代記」は、上州沼田の百姓、多助が故郷を出奔し、江戸へ出て、炭問屋に奉公。一生懸命働き、やがて本所相生町で炭屋を開業するという成功譚。

最後は豪商の娘、お花に見初められ、お花は多助の嫁となるが、お花が、またできた女性で、婚礼の日から花嫁衣装のまま炭俵を担いで働く。

明治十一（一八七八）年に発表されたこの噺は、人倫、倹約、勤勉、立身出世がテーマ。修身（現代の道徳）の教科書にも取り上げられた。こうしたものは、それまでの江戸の落語にはなかった。

しかし、この噺はただの商人の出世譚なのだろうか。圓朝を舐めたらいけない。この物語の前半、多助の沼田時代の話では、愛憎うずまく人間ドラマがある。

多助の家は上州沼田の豪農だった。三百石の田地を持っていた。多助の養父、角右衛門は、かめという女を後妻にする。かめには、えいという連れ子がいて、角右衛門は死ぬ時、多助とえいを夫婦にして家と田地を託す。

角右衛門が死んで、悪女母娘が化けの皮を脱ぐ。かめもえいも多助を主人扱いはしない。近くに住む無役の武士、原丹治、丹三郎という父子がいて、家に出入りするようになる。この父子が苦み走ったいい男。

かめは丹治を繋ぎ止めるために、娘のえいと丹三郎を添わせたいと考える。えいは、真面目だけが取り柄の多助なんかが亭主じゃ不満だ。都会的でいい男の丹三郎を亭主にしたい。そして、原父子は二人の女と三百石の田地が目当て。悪い奴らが集まった。

四人にとって邪魔者はただ一人。

「多助の奴を片づけてくださいよ。私たちはいいですよ。若い二人は早く夫婦にしてやりたいのが親心。ねえ、旦那」

と丹治にしなだれかかるかめ。

母にとっては夫の息子（養子だが）、娘にとっては夫を、その情夫に殺させる。悪い相談がまとまった。

いやいや、えいもかめも、悪女と言えるのだろうか。えいにしてみれば、夫と言っても、義理の父親の決めた意に添わぬ相手。えいが好きなのは丹三郎。己に正直なだけだ。かめも丹治も親として、娘、息子の幸福を望んだ。

すべては死んだ角右衛門が塩原の家の安泰を望んだだけのこと。養子の多助と、妻のかめの連れ子のえいが夫婦になって塩原の家を継げば、揉め事も起こらないからよかろうと思った。それが揉め事の種になるとも知らないで。大丈夫だよ、角右衛門さん、塩原の家名と田地は守る。ただ、邪魔な多助に死んでもらうだけだ。

かめもえいも、それから丹治も丹三郎も何も悪くはない。彼らを悪く言うのは、そこに三百石の田地があるからだ。お家横領、そんなもんじゃない。かめと丹治。えいと丹三郎、それぞれの愛を貫いただけだ。ただ、生きてゆくには米を食べなければならない。無役の武士の丹治の食禄では四人が幸福に暮らしてゆけない。その副産物としての三百石だ。

丹治は人気のない庚申塚で多助を待ち伏せする。

そうとは知らない多助。しかし、庚申塚の手前で、多助が可愛がっている馬の青がぴたりと動かない。

「これ、青、なんで動かねえだ。帰りが遅くなれば。またお母様に叱られるだよ。お母様や女房に見放され、青、お前もおらに愛想が尽きただか」

多助よ、馬に愚痴こぼして、どうするんだよ。情けない。情けないから、女房に馬鹿にされるんだ。えいの苛立ちがわかる、っていう人もいるかもしれない。

でも、青は多助に愛想が尽きたわけじゃない。青は丹治の待ち伏せを知っていて、多助を守った。

可哀想なのは通り掛かった村人の円次。円次が引くと馬は動くので、多助は円次に青を託し、別の道を通って帰った。青を引いていた円次は多助と間違われて丹治に殺される。

今度は青のおかげで助かったが、次は必ず殺される。多助は青に涙の別れを告げ、出奔する。時に宝暦十一（一七六二）年八月十五日、多助二十一歳。

「青の別れ」の件は、六代目三遊亭圓生もやったが、浪曲の木村若衛も迫真だった。かめとえいの残忍な冷たさが科白にあふれている。

しかし、この噺のテーマはやはり人倫だ。不倫妻、えいの最期は悲惨だ。えいは青に食い殺されてしまうのである。そして、丹三郎も青に蹴り殺された。

そして、かめは乞食に落ちぶれてしまう。塩原家の横領を親戚に指摘され、かめと丹治は出奔したが道中、丹治は追剝の小仏小平に殺された。かめは逃亡中に丹治との間にできた子供を抱え、乞食になるしかなかった。

かめは多助と再会する。多助はかめの罪を許し、かめに家を借りて三度の食事の世話をし、子供は商人として立ち行くよう育てる。なぜ多助はかめを許したのか。かめは角右衛門の妻、すなわち義理の母である。親孝行は明治時代でも美徳だったのだ。

近代というのは不倫妻には厳しい時代だったため、えいと丹三郎は悲惨な死に方をしたが、多助は義母には孝行を尽くした。そうした多助の行為が近代の道徳であった。

だいたい落語なんていうのは、酔っ払いに、博打に女郎買いの噺ばかり。不倫に関してもある程度は寛容なはずだ。えいの罪はお家横領に殺人未遂教唆が加わったが、江戸落語ではおそらく殺されることはなかったろう。

「塩原多助一代記」は一生懸命努力して働いて偉くなりなさい、明治という時代は、江戸時代みたいにのんきにしていては駄目だ。勤勉こそが国を富ませて、家を繁栄させる。富と繁栄こそが、近代国家の幸福である。そうしたテーマは、当時、圓朝を贔屓にしていた政府の高官たちに受けたのだろう。

五、長屋の子供は皆で育てる 相互扶助

「貧乏人の子だくさん」などという。貧乏人は他にやることがないから。そら、子だくさんになる。

大勢子供がいるから、一人くらいは隣のおじさんに似ている子供がいたりする。でもまぁ、そんなことは気にしないのが、江戸の貧乏人だ。おおらかなのか、いや、日々の暮しが大変だから、そんなことをいちいち気にしている余裕なんてない。

現代は、貧乏人ほど子供なんか作れない。金がなければ、子育てもままならない。貧乏人が多ければ少子化に拍車が掛かる。経済的な安定がなければ結婚もままならない。

昔は、「一人口は食えなくても、二人口は食える」、すなわち、結婚によっていろんな無駄がはぶかれるから、経済的に楽になる、なんて言われて結婚が奨励されていた。男で、職人でも商人でも、修業を終えて独立すれば、大家さんなり親戚なりが嫁を紹介した。一家を持つことが信用に繋がり、仕事も充実した。

だが、多くの男性が簡単に結婚できたかというと、そんなことはない。江戸は人口比で女性よりも男性が多かった。だから妻帯できない男性が多かったという話は前章で記した。

ましてや女性なら誰でもいい、ということでもない。そこで壮絶な争奪戦も行われる。とは言え、婚姻となると、やはり大家さんや親戚の紹介がものを言う。独立して、真面目に働き、この人物なら大丈夫と世間に認められると、それなりの家のお嬢様や、庶民の娘でもしっかり者の気が利く女性を紹介してもらえた。

真面目にこつこつ努力を積み重ねることが幸福を摑む近道なのだが、なかには焦って過ちを犯す若い者もいたりした。

持参金

男は友達に十両借りていた。朝方、友達が来て、急に金が入用だから十両すぐに返せと言われた。男は困った。十両は大金。右から左にどうにかなる金額ではない。友達は夕方に取りに来るからその時までになんとかしてくれと言い残して帰る。どうしようかと思案しているところへ、今度は大家さんが来た。嫁を世話すると言うのだが、男はそれどころではない。しかも相手の女というのが、

「背がスラッと低いんだな。で、色が抜けるように黒い。目が金壺眼（かなつぼまなこ）で、鼻が鷲鼻、口が鰐口（わにぐち）で、鳩胸で出尻っていうんだが、お前、もらうか」

呆れている男に大家さんはさらに続ける。

「この女にひとつ傷があるんだが」

なんと女は妊娠していた。

「まぁ、そんな女だからな、持参金の十両もつけようっていうんだが、お前、どうだい」

「持参金の十両。それを先に言ってくださいよ。もらいます、もらいます。おくんなさい」

女は名をおなべといい、さる大店の女中。店の番頭といい仲になり逢瀬を重ね、とうとう腹に子ができた。番頭は急に心変わり。女中との関係がバレたら、店をクビになりかねない。そこで十両の持参金で誰かに押しつけてしまおうというのだ。大家さんは夕方に持参金の十両を持ってくると言い、帰る。

夕方、大家さんが来る前に友達が来る。

金の算段はついていると言うと、友達は安心して、恥を話すようだがと、十両の入用の理由を語り出す。おなべの腹の子の父親は友達だった。

「あんな女でも、持参金の十両もつければどっかの馬鹿が引き受けてくれるかもしれない。いくらなんでもそんな馬鹿はいないだろうと思ったら、そんな馬鹿がいたっていうんだよ」

「あーっ。その馬鹿は俺だ」

結局、男はおなべを嫁にもらうこととなり、万事まるく収まる。

十両の金は現金がないまま、二人の間を回っただけだ。

おなべの腹の子はどうするんだ。

どうするんだろう。まぁ、なんとかなる。

「親がわかっただけ、よかったよ。困ったことがあったら、銭を借りに行くから」

「よせよ」

父親が二人いてもいいだろう。

町内の若い衆

男が兄貴の家を訪ねると、兄貴は留守。兄貴の女房がいて、庭では何やら普請をしている。聞けば、茶室を建てているという。男は感心して、

「兄貴は働き者ですねえ」

と言うと、兄貴の女房は、

「いいえ、うちの人の働きじゃございません。町内の若い衆が寄ってたかって、こしらえてくれたようなものです」と言う。

皆の協力があって仕事もうまくゆくんだ。ましてや訪ねてきた男も町内の若い衆の一人

だ。「働き者」と言われた世辞に世辞で返す。茶室を建てるくらいの気の利く兄貴の女房だ、亭主以上の気遣いができる。

落語は、そういう処世術を教えているわけじゃない。

感心した男は家に帰ると、自分の女房にその話をする。

「お前に兄貴のかみさんのようなことが言えるのか」

「言ってやるから、茶室を建てろ」

それを言われちゃ何も言えない。口惜しいがしょうがない。

男は湯に行く。途中で友達に会う。

「お前、すまないが、うちに行ってなんか褒めてみちゃくれないか」

兄貴の話を聞いて、褒められたら女房はどんな反応をするのか知りたい。つまんないことを考えたものだ。

友達はよく考えず、なんか買ったから自慢したいだけだろうと男の家に行く。行ったが、褒めるものなんてひとつもない。

どうしよう。見ると女房は臨月だ。もうすぐ何番目かの子供が生まれる。ここのうちも貧乏人の子だくさん。

「ふーん、おたくの亭主は働き者だねえ」

「いいえ、うちの人の働きじゃないのよ」

別に誰の働きでもいいじゃないか。

子供は社会の宝だ。そう思って、前に進もう。

六、古典に学ぶ女の生き方

古典文学の中には女性を主人公にしたものもいくつかあるが、二人の男性の間でゆれ動く女性を描いたものもある。夫ある女性が他の男性から恋心を伝えられた時、どのような対応をするのだろう。

袈裟御前

『源平盛衰記』の一エピソード。源頼朝に平家討伐の挙兵をすすめる文覚の若き日の話である。文覚は若き日、源氏摂津渡辺党の武士であった。俗名、遠藤盛遠。北面の武士として禁裏（御所）の警護に当たっていた。

盛遠がある日、一人の女性に想いを寄せた。袈裟御前という絶世の美女。しかし、袈裟は同じ渡辺党の武士、渡辺亘（わたる）の妻だった。

　盛遠には三つの選択肢があった。
一、諦める。夫のある女と恋に落ちても、どの道、碌なことはない。きっぱり諦めるというのが一番利口なやり方だ。
二、夫に内緒で関係を結ぶ。想いは遂げられる。とは言え、袈裟はいつまで経っても我が物ではないし、もしかしたら夫に見つかるというリスクもある。見つかれば、別れさせられるし、悪くすれば殺されるかもしれない。
三、夫を殺して袈裟を我が物にする。
　盛遠、迷うことなく三を選んだ。出家したのち、京・神護寺の修繕費を後白河法皇に強請（ゆすり）に行くんだ。お願いじゃない、強請。これで伊豆に流罪となって頼朝と出会い、それじゃあってんで平家討伐をすすめる。頼朝が平家を滅ぼしたのち、ふたたび後白河法皇を訪ねて、神護寺を修復させているんだから、気が短いんだか長いんだかはよくわからない。

　袈裟は盛遠を拒んだ。そらそうだ。夫があるんだ。盛遠はそれでもなお、口説いて、口説いて、また口説いて、袈裟を追い詰めた。

「仕方がありません。どうしても私と契りたいのなら、どうか、夫を、渡辺亘を殺してください」

盛遠にしてみれば、待ってました、というところだ。

「わかった。やってやろうじゃねえか。手引きはしてくれるんだろうな」

「はい。今宵、屋敷の裏木戸を開けておきましょう」

夜、盛遠は渡辺亘の屋敷に忍んで行った。寝所に踏み込み、

「えいっ！」

一刀で亘を斬り殺した。

と思ったのだが、寝所に寝ていたのは、亘ではなく、愛した女、袈裟であった。

袈裟は夫の命と己の貞操を守るために、自らの命を捨てた。

盛遠は無常を感じ出家し文覚となる。

もっとも、出家したって世を捨ててないからね、この男。出家してから、平家討伐のバックアップをするんだから。わけわかんない。

『源平盛衰記』のこのエピソードをもとに、芥川龍之介が「袈裟と盛遠」、菊池寛が「袈裟の良人」を書いたりして、袈裟御前の名が世に知られた。

落語にも「袈裟御前」の噺はある。

盛遠が斬ると、袈裟も亘も死なない。刀にべっとり米粒がついていて、真っ二つになっ

たお櫃（ひつ）がある。

「しまった、今朝のご膳だ」


洒落だね。

美女の譬えにいう。

「小野小町か、照手姫、外織姫か袈裟御前、今朝のご膳は納豆だ」

別に納豆じゃなくても、鯵の干物でもいいんだけれど。

落語は道徳じゃない。

袈裟の貞操を否定する。たかが貞操のために、命なんか捨てちゃいけない。盛遠が夫を殺すと言ったのなら、あとは夫に任せりゃいい。武士なんだから。果たし合いでもなんでもすりゃいい。果たし合いで勝てないなら、その程度の武士ということだ。武士なんか辞めて、袈裟と一緒に逃げればいい。

たとえ登場人物が平安時代の武士でも、落語に描かれているのは江戸庶民の感覚なんだ。落語が起こったのは江戸後期、平和な時代の真っ只中だ。二百年以上も戦争はない。地方では飢饉で飢える人もいるが、江戸の生活はほぼ安定している。平和な時代の生き方を描いたのが落語。笑って暮らせるのは平和ゆえだ。

恋をする気持ちは誰にだってある。独身の男女が恋に落ちれば、親が反対しようが、金がなかろうが、一緒になればいいんだ。どうしても一緒になれないんなら、心中という手だてもある。それで恋が叶うのであれば、死んでも花実は咲くんだ。少なくとも恋を貫いたと賞賛される。

だが、義理や柵（しがらみ）で死ぬのはいかがなものかと江戸の人たちは思うんだ。それはあまりにも愚かな死に方なんじゃないか。

一人の女に、二人の男が恋をした。それはよくある話だ。何せ、江戸は男女の人口比では男性のほうが多かった。どうするか。

男の選択肢はすでに書いた。

女の選択肢も三つだ。

一、どちらか一人を選ぶ。江戸も後期になれば、女の意見も尊重される。いや、どの女を口説くかの選択権は男にあるが、口説いた男を受け入れるか否かの決定権はつねに女にあるんだ。

二、男二人の話し合い（殺し合いもあり）。選べなければ、男に委ねるのも、封建時代の女にはありだ。用の東西を問わず、むしろ西洋では姫をめぐってよく決闘していた。

三、しょうがないから、両方とうまく付き合う。

間違っても「板挟みで死ぬ」、なんていう選択肢はない。『万葉集』に出てくる真間(まま)の手古奈(てこな)は、多くの男性に求婚されて選べずに入水自殺した。そういう発想は江戸庶民にはない。

憧れみたいな形で文学には描かれた。「真間の手古奈」も『源平盛衰記』の袈裟御前も文学の中の女性だ。

落語はもっとずっと利口だ。落語の袈裟御前は死なない。生きて幸福を模索するであろうために、とことん馬鹿馬鹿しい洒落にして終わるのだ。

第五章　江戸のセクシャル・マイノリティ

ちょっと前までは、今でもそうかもしれないが、笑いの対象になっていた。

コントなんかでよくあるのは、オカマに言い寄られるとか、口説いた女性がサディストで、鞭で叩かれるとか。性的マイノリティを笑うというよりは、他人が酷い目に遭うのが面白い、みたいな要素は笑いの中には少なからずある。

たとえば、酷い目に遭うのが権力者だとか、気障（きざ）な奴とかで鼻持ちならない奴だと、面白さが増す。昔から外国映画にある、紳士のズボンが落ちる、という、威張っている紳士が恥をかくのが面白い。


江戸落語で多いのは、権力者、たとえば人から立派だと思われている僧侶が、男色（ホモセクシャル）に迷い、欲望のままに突っ走る。これ、相手が少女でもいいんだけれど、そのほうがナマナマしいのかもしれない。あんな立派な人物が、年若い男に迷う、その人間性のおかしみ、というのはあるのかもしれない。

口説いた女性がサディストみたいな話は、むしろ近代以降に多いのかもしれない。サディズム・マゾヒズムという考え方が西洋的というのではない。被虐性愛、加虐性愛というのではないにしろ、想いを遂げる過程において、試練としての被虐的行為を喜びとする考えは昔からないわけではない。鞭で叩かれたいわけでないが、美女になら鞭で叩かれてもいいというような消極的マゾヒズム。

それとは別に、近代の男尊女卑的な社会において、女性に虐げられる男性の話が、逆転の喜劇的な面白さとして描かれた。

モテ自慢の男性が女性の罠に落ちて、鞭で叩かれて泣き叫ぶ情けなさがおかしみになるのは、僧侶が男色に迷う姿と類似もしている。だが、サディストの女性に鞭で叩かれた男性がマゾヒズムに目覚めて二人仲よく暮らしました、となると文学になる。それが近代という時代なのかもしれない。

一、江戸のLGBT

現代では、たとえば外国ドラマなんかでは、普通にゲイカップル、レズビアンカップルが登場する。日本においても、同性婚への理解が進む。

一方で、それらを奇異な目で見ることは、なかなかなくなりはしない。同性愛者同士のカップルを認めても、たとえばノーマルな性志向の人が、同性愛者から求愛された時にどう対処したらよいのかはわからない。冷静にお断りするのも難しいのではないか。それがうっかりすると、差別的な言動を招きかねない、などということもある。

ＢＬ（ボーイズラブ）の小説や漫画が流行るのも、それが奇異な愛の形ゆえというのもあるのだろう。

それはほんの数十年前まで、同性愛者を「変態」とくくっていた慣習によることなのかもしれない。

江戸時代はというと、実は同性愛、とりわけ男性同士のゲイは、変態ではなかった。ゲイというよりも、女性も男性もＯＫなバイセクシャルである。それだけ江戸の人たちは性に対して貪欲だったのかもしれない。

男性同士で愛し合うことを、江戸時代は衆道（しゅうどう）、または男色ともいった。

歌舞伎は、江戸の初期では遊女歌舞伎といって、売春と密接な関係があった。女性の役者が売春をするというよりは、遊里の張り店などで遊女がデモンストレーションとして、舞踊や芝居を演じたりしていた。ために風紀が乱れるとして、寛永六（一六二九）年には幕府により禁止される。遊女歌舞伎が姿を消すのと同時に登場したのが若衆歌舞伎である。遊女に代わって若衆、つまり前髪の美少年たちが舞台に登場した。若衆歌舞伎は、寛永、正保、慶安にかけて約二十五年間、人気を呼んだ。

若衆歌舞伎は承応元（一六五二）年に、やはり風紀を乱すとの理由で禁止された。若衆歌舞伎は、美少年が客をとる。早い話が男色である。

戦国時代から江戸時代、男色は一般的なことだった。遊女歌舞伎が禁止された。女性でなければ男性。ごく普通の流れで若衆歌舞伎が登場し、人々もそれに熱狂した。むしろ男女間よりも男同士のほうがトラブルになると面倒だった。刃モノ沙汰になることもあったりしたため、厳しく禁止されたのである。

歌舞伎が表向きに売春と縁が切れるのは、歌舞伎の演劇性が高まってゆく元禄歌舞伎以降で、旧吉原の人形町界隈には、芝居小屋と併設して陰間茶屋という、男性同士専門のラブホテルのような施設も多く存在していた。

江戸時代は、武士や僧侶の間では、衆道は当たり前の行為であった。当たり前どころか、奨励すらされていた。衆道というからには「道」なのである。剣道や柔道、書道と同じである。

剣術や柔術、槍術といった武術は武士のスキルのひとつ、「術」であった。それが精神的な「道」が説かれて、スキルを超えた武士の規範となった。武道、すなわち剣道や柔道になったのだ。忍術は忍道にはならない。忍者の使命は情報収集や破壊工作。相手を騙したり、秘密を盗んだりする卑怯な行為も重要なスキル、そのためのスキルが忍術であって、そこには武士のような「道」は説かれない。

衆道は道を説く。まさに武士の道のひとつである。

戦場では、罪もない非戦闘員の女性が陵辱されることがある。征服者、侵略者として、非戦闘員たちに力を誇示するため、兵士に略奪や強姦を奨励する軍隊も、世界史のなかには存在した。しかし、それらの行為は正義を重んずる武士にとってはあってはならぬことである。それでも男である以上、何日もの間、戦場での禁欲生活に耐えることは難しい。そこで男同士で慰め合うことが奨励された。また、戦友という、生死をともにする同士が友情を超えた何かで結ばれることで、より強い絆を得たのであろう。

一方で、武士は後継者を残さねばならない。それも義務のひとつである。だからゲイでは駄目で、バイセクシャルでなければならない。

武士の文化、否、武道である衆道は、江戸の平和な時代においても培われていった。やがて武士の文化は町人文化へも影響を与える。

若衆歌舞伎や陰間茶屋も流行する。

そして江戸後期の文学に多く描かれる。代表粋なものに、十返舎一九の『東海道中膝栗毛』がある。旅行文学である「膝栗毛」の主人公、弥次さん、喜多さんは実は衆道の関係にあった。

東海道中膝栗毛

江戸の戯作で落語にもおおいに影響を与えた『東海道中膝栗毛』は、弥次郎兵衛、喜多八の二人が伊勢参詣の旅に行く物語である。

目的は伊勢詣り、京・大坂の上方見物という、のんきな遊山旅だ。草臥(くたび)れては馬に乗り、街道の茶店で鯵の塩焼きで酒を飲み、宿屋では、鯛の蒲鉾に車海老というご馳走。駿河の丸子宿では有名なとろろ汁、道中ところどころで名物を食す。時には宿場女郎とお楽しみなんていうこともあるし、女の旅人（旅芸人や巡礼の娘）に夜這いに行ったりもする。

そもそもこの二人は何者か。

弥次郎兵衛は「ただの親父」だって。喜多八は「駿河江尻の尻喰観音の尻っぺたの生まれ」。生まれた時から尻が重なり、男色趣味。役者になるも尻癖の悪さで尻に帆掛けて江戸に逃げた。

喜多八は尻が重なる運命でホモになるが、女も好きでバイセクシャル。

この二人が江戸は神田でルームシェアをする。弥次郎兵衛も駿河の生まれで元は金持ちだったが、親の財産を使い果たして江戸に夜逃げ。金がないのに贅沢していたから、たちまち借金の山。喜多八は大店(おおだな)に奉公し出ていく。残された弥次郎兵衛は金もなく、毎日、おかずは納豆だけの生活。親切な人が弥次郎兵衛に嫁を世話してくれた。それから十年、嫁に働かせて、弥次郎兵衛はただただ嫁に気を遣いながら生活していた。

そうした弥次・喜多、紆余曲折、つまるところは江戸にいられなくなり、尻に帆掛けて旅に出る。夜逃げじゃない。路銀は家財を売り払って作り、いくばくかの借金もあったが、それはもちろん踏み倒す。

弥次・喜多の代表的な話というと、小田原の五右衛門風呂。五右衛門風呂の入り方がわからず、喜多八が下駄のまま風呂に入り、五右衛門釜の底を抜いてしまう。これはオカマ(男色)が釜の底を抜いたという洒落。

三河路の赤坂並木では、弥次郎兵衛が狐に化けて、臆病な喜多八を脅す。

「馬の糞を食らえ」

「子供の頃から、馬の糞は不調法(ぶちょうほう)」

馬の糞が調法な奴はいないよ。男色、SM、スカトロまでありな、江戸の戯作は深い。江戸っ子たちはエロティックで面白おかしい旅に憧れていた。

江戸の小噺には衆道を扱ったものは多いが、現代の寄席などではほとんど演じられていないのは、現代の大衆芸能としては演じづらいものもあるのだろう。

新作落語と古典落語のボーダレス化が進んだ現代では、BL落語が登場してもおかしくはない。とは言え、権力者が衆道に迷うというような噺ではなく、そこに現代的なテーマが存在せねばならぬのだろう。

二、過剰な愛に燃える女たち

江戸時代も中期になると、さまざまな愛の形が登場する。

男は妓楼にファンタジックな愛を求めた。むしろ女性のほうが現実のなかにさまざまな愛を求めていた。そこには、不倫や身分差など、許されない愛が多かった。そして、女たちは愛を過激に求めた。

元禄の代表文学、井原西鶴は『好色五人女』を描いた。

「好色五人女」とは、お夏、おせん、おさん、お七、おまんの五人。歌舞伎や文楽でも描かれた。

お夏は商家のお嬢様でありながら、手代の清十郎と恋仲になり、親に別れさせられたため、狂乱する。

おせんは樽屋の女房だったが、ある女から亭主との不義を疑われる。怒ったおせんはホントに不義をしてやろうじゃないかと、女の亭主を誘惑。だが、不義の現場を自分の夫に目撃され、最後は服毒自殺する。

おさんは内儀(おかみ)の身分でありながら、手代の茂兵衛と逃避行。愛のない婚姻で不幸だったおさんに起こるいくつかの誤解。そして、手代の茂兵衛の愛に気づく。逃げる二人だが、最後は捕らわれて処刑される。

おまんは唯一ハッピーエンド。源五兵衛という男に恋するが、源五兵衛は衆道。バイでなくゲイだったのだが、おまんが男装で迫り、めでたく結ばれる。

身分違い、不義、主従、そして、衆道と、もうなんでもアリだ。

なかでも少女の純粋な恋を描いたのが、お七だ。その恋は純粋過ぎて、燃えるような恋へと変わってゆく。燃えるんじゃないね。燃やしたほうだ。

八百屋お七

本郷二丁目に住む八百屋八兵衛(史実では太郎兵衛、「のぞきからくり」では九兵衛)。一家は火事に遭って檀那寺の駒込・吉祥院に避難した。そこで八兵衛の娘、お七は、寺小姓の吉三郎に想いを寄せ、吉三郎のほうもお七を憎くなく思っていたようで、雷雨の夜、二人は結ばれる。

寺小姓というのは僧侶ではない。出家を前提とせず、学問のために寺で修業する若者。旗本や御家人の次男三男などが多く、家を継げないため試験を受けて実務の官吏などに登用されるために勉学に勤(いそ)しんでいた。

お七はかなり積極的な肉食系女子だ。何せ雷雨の夜に吉三郎の部屋に忍んで行く。吉三郎の部屋にはもう一人、子供の小姓がいる。お七は一緒に寝ている子供にカルタと菓子を与える約束をして部屋から追い出し、そして吉三郎と結ばれる。純情可憐な乙女ではない。恋に関してはややも強引な女、まさに好色である。

一方の吉三郎は衆道だ。すなわちゲイ、いや、お七とも関係を結ぶからバイである。お七が部屋の外に追い出した子供とはひとつ布団で足を絡ませて寝ていた。そして吉三郎を衆道に導いた兄貴という人物も登場する。

やがて、八兵衛一家は家を新築し、元の本郷へ戻る。

吉三郎と逢うことができなくなったお七は、

「もう一度火事が起きて、家が焼けたら、また吉三郎さんに逢えるはず」

そして、お七は家に火をつける。

歌舞伎では、お七が櫓(やぐら)に登って太鼓を叩く場面がクライマックスになる。もともと人形浄瑠璃だったから、舞踊では人形ぶりになり賑やかだ。

なんにせよ、男に逢いたくて火をつけちゃう。吉三郎が逢いに行かなかったのは、寺小姓という身分もあったのだろうが、やはり一夜の関係以上の気持ちがお七へはなかった。一方のお七は何が何でも吉三郎に逢いたい。現代で言えば、ストーカーに近いのかもしれない。

火事はボヤで消し止められた。しかし、訴人されお七は捕らわれた。江戸時代は何度も大火事で酷い目に遭っているから、放火の罪は重かった。お七は鈴ヶ森で火あぶりの刑になる。

お七が放火をし、処刑されたと知った吉三郎は、自らも命を絶とうとする。だが、衆道の関係にある兄貴に諭され思いとどまり、出家してのちに名僧となったというのが『好色五人女』で、西鶴が描いた物語。

おそらく吉三郎は、以後は女色を絶ち仏道修行を続けたのであろうが、衆道には勤しんでいたに違いない。女色は絶っても、性的欲望をすべて絶つことはできない。

落語でも「お七」という噺がある。

お七の処刑を知った吉三郎は、池に身を投げて死んで地獄でお七と再会する。

二人が抱き合うと、ジューっていう音がする。お七は火あぶりで処刑され、吉三郎は入水自殺した。火と水が合わさってジュー。いや、そうじゃない。お七と吉三郎、七と三で足すと十だ。

で、お七の幽霊が出る。侍がこれを退治しようと、お七の足を一刀で斬り落とす。おいおい、幽霊に足があるのかよ。そしたら、お七の幽霊は片足でピョンピョン跳ねて逃げた。

「おいおい、お七の幽霊、どこへ行くんだ」

「片足本郷へ行くわいな」


意味わかんない。だから、今はこの落語はあまり演じられていない。

「アタシャ（私は）本郷へ行くわいな」は、大正から昭和にかけて流行した、のぞきからくりの名科白（せりふ）。

のぞきからくりっていうのは、大きな箱があって、レンズ付きののぞき穴がある。銭を払ってレンズをのぞいて、なかで大仕掛けの紙芝居が展開するというような大道芸のひとつ。説明者が独特の節をつけて、「八百屋お七」や「幽霊の継子（ままこ）いじめ」なんていう物語を聞かせた。

のぞきからくりは新潟県巻町の博物館に残っている。他にもレプリカは、千葉県佐倉市などあちこちに展示してある。

本駒込にある吉祥寺には、お七と吉三郎を祀った比翼塚（ひよくづか）（めおと塚）がある。

三、それを見せられても困る

変態も多様化した。

なかには犯罪に当たる性行為もある。そのひとつに露出がある。ようするに人前でやるんだね。見られて興奮する。見る側が納得していればいいけれど、たいていは納得していないから、それを見せられても困る。迷惑行為になるんだ。

女性でもいるのかもしれないけれど、男性でたまにいるのが、自分の性器を他人に見せて喜ぶ行為。

これには大きく分けて二種類ある。ひとつは巨根自慢。立派なモノを見せびらかしたい。見せたい人はいるが、どんなに立派でも見たくはない。

もうひとつは、恥ずかしい姿を見られて興奮するマゾヒズム的露出、これはCFNM、クローズド・フィーメイル・ネイキッド・メイル、女性着衣と男性全裸としてジャンル化されてもいる。

恥ずかしい行為を笑う、というのは昔からよくある。物語の世界でも、そうした場面は登場する。恥ずかしさの概念も昔と現代では異なるが、性器を露出させる行為の恥ずかしさは、その状況によって、笑いの要素がより強くなる。

うっかりや偶発的な場合が多い。昭和三、四十年代のコメディでは、男性が入浴などで脱衣しているところを女性が偶然、脱衣所のドアを開けてしまい凍りつく、なんていう場面があった。凍りつきながらも、しっかり観察したりという女性の欲望が垣間見えるのがおかしみだったり、悲鳴を上げて事態の収拾がつかなくなったりする。

女性が強い時代で、恥ずかしがる男性を笑い飛ばしたり、あるいは変なモノを見せられ怒った女性に殴られたり、土下座させられたりといったマゾヒスティックな展開になったりもした。見る女性、見られる男性の関係も大きく、女性が男性の憧れの人だったりすると心理的な笑いの要素も深まる。

だが、実際は見せられる側は迷惑。もっとも、迷惑な状況だから、第三者からは笑いに転じられる。

蛙茶番

茶番とは、余興の演劇のようなものをいう。もともとは元禄の頃、三階の役者（歌舞伎で脇役専門の役者、楽屋が三階にあったところから、こう呼ばれた）たちが千秋楽に、隠し芸や楽屋落ちの話をして楽しんだのを茶番と呼んだのがはじまり。三階の役者たちが楽屋内のお茶汲みもしていた、つまりお茶の番が「茶番」の語源だそうだ。
天保の頃、幇間（ほうかん）たちによる吉原俄（よしわらにわか）がたいそう人気を呼び、ボテ鬘や簡素な衣装をつけて歌舞伎の一場面を寸劇にした立茶番などが行われ、これを真似てみようという町人も現われはじめる。江戸後期になると富裕町人が増え、商家の広間などに舞台をこしらえて、仲間内で金を出し合って芝居の真似をはじめる者も現われた。これら素人芝居が一般に茶番と呼ばれ、人気を呼んだ。

こうした素人芝居の様子が落語などに描かれている。

ある商家の芝居で「天竺徳兵衛韓噺」をやることになった。素人が金を出し合って芝居をやるのであるから、当然、皆、いい役をやりたい。仕方がないので、役は抽選で決める。なかには、とんでもない役を押しつけられる者も出てくる。「天竺徳兵衛韓噺」には蝦蟇（がま）という役がある。蛙のきぐるみを着て登場するのだが、この役の役者が怒って帰ってしまう。呼んでも来ない。仕方がないから、丁稚の定吉が蝦蟇の代役をやることになる。さらには舞台番役の半ちゃんも来ない。

舞台番とは、役者ではない。舞台の横の台に座り、客席が騒いだりするのを注意する役。古い芝居にはいたそうだ。舞台上にいる裏方みたいな役だから、男前を気取っている半ちゃんは面白くないから来ない。

芝居のプロデューサーであるお店の番頭は、そこらへんの事情は心得ていた。定吉に半ちゃんを呼びに行くように言い、

「馬鹿はおだてて使うんだ。定吉、もう一度半公のところへ行っておいで。今そこで、小間物屋のミィ坊に会ったって言うんだ」

ミィ坊が半ちゃんの舞台番を見に来る。素人が白粉(おしろい)つけて役者の真似をするよりも、

「舞台番と逃げるところが半ちゃんの偉いところ。粋な形(なり)でおケツをまくったところはさぞいいだろう、ってそう言っていたよ」

そう聞かされた半ちゃんは大喜び。半ちゃんはミィ坊に岡惚れしている。ミィ坊の前でカッコいいところが見せられる。だが、半ちゃんは直接お店に飛んでは行かない。お湯屋へ行く。いろんなところを洗って、いい男になろうっていうんだ。番頭さん、また定吉を走らせる。

「ミィちゃんがね、半さんが来ないなら帰るって言ってるよ」

「冗談じゃない。ミィ坊に帰られてたまるかい」

半ちゃん、あわててお湯屋を飛び出す。馬鹿は褌を忘れてきた。

さっそく舞台に上がる半ちゃん。

幕が上がると、客は芝居ばかり見ていて、半ちゃんを見ている者はいないから、

「立っちゃいけねえ、騒いじゃいけねえ」

誰も騒いでなんかいないのに、一人で悪目立ち。

そして、ここだと思った時に、衆人環視の前で着物をまくった。褌締めていないのを知らずに。

「舞台番がうるさいですよ。何をやっていやがるんだ。お客は静かなのにあいつ一人が喋っている。おい、何を笑っているんだ。舞台番をご覧なさい。舞台番なんか見たって、面白くはない……、あっ！」

そら、驚くよ。

「ホンモノかね？」

そこ疑（うたぐ）るか。そら、そうだ。まさか衆人環視の前にホンモノを出す馬鹿はいない。

「こしらえものじゃなさそうだ。たいしたものだなぁ」

「野郎、あれが見せたいものだから、さっきから騒いでいやがった」

「馬鹿な趣向だねえ」

「可哀想だから褒めてやろう。よっ、大道具、日本一」

そのうち、あっちでクスクス、こっちでゲラゲラ。女性のお客は帰る人もいる。

そら、そうだ。そんなもの、見せられてはたまらない。

ミイ坊が来ているっていうのは番頭さんの嘘だったから、まだよかった。いくら半ちゃんの思い込みが激しいからって、好きな女の子の前でベローンは可哀想だ。いや、いい薬か。いやいや、見せたら、ミイ坊が可哀想だ。

四、江戸のSM事情

加虐性愛をサディズム、被虐性愛をマゾヒズムと命名したのは、十九世紀のドイツの医学者リヒャルト・フォン・クラフト＝エビングだが、サディズム、マゾヒズムを総称して「SM」と名づけたのは団鬼六であると、団鬼六が自身のエッセイで言っていた。

サディズム、マゾヒズム、SMなどという言葉ができたのは十九世紀以降でも、そうした行為は江戸の昔から行われていたし、異性を陵辱したいとか、異性から陵辱されたいという感情もあったのだろう。

では、江戸の文芸や演劇、落語などのなかにSM的なものは登場するのであろうか。

一言でSMと言っても、捉え方はさまざまだ。大きく分けると、苦痛、羞恥、奉仕などに分かれるようだ。

苦痛が性的快楽に結びつく表現はおそらく見られない。「明烏夢泡雪」で、浦里と禿（かむろ）のみどりを雪の中で縛って折檻する場面があるが、あくまでも折檻、拷問の類で、そこに性的快楽はない。ただ、縛るという行為で、西洋では拘束具を用いるが、日本では縄を用いた。男性が女性を陵辱する場合に、抵抗されないよう縛るというのもあった。近代になって、絵画で縄が用いられる陵辱画などが描かれるのは、近代以降の美意識なのか、縄で縛ることに、なんらかの性的快楽がもたらされたということなのだろう。

クラフト＝エビングがマゾヒズムの語源としたのは、ザッハー＝マゾッホの小説『毛皮を着たヴィーナス』であり、ザッハー＝マゾッホの小説には、女性に支配される男性の物語が多く描かれている。そのなかで、女性が男性を鞭で打つことで愛を深め合う場面が出てくる。洋の東西に関係なく身分制度のある時代だ。西洋では、中世以前には、奴隷や家来、あるいは男性が女性を鞭打つことで従わせる、というのがあった。

ある意味、身分制度の強化のため「鞭」が用いられた。十九世紀の片足を近代に突っ込んだ時代において、性愛に鞭を用いたのは、ザッハー＝マゾッホのファンタジー、すなわち中世へのノスタルジックな憧れであろう。姫と騎士の関係みたいなものにロマンチシズムを描いていた。姫には夫を鞭打つ権限もあった。鞭打ちだけでなく、マゾッホの小説の男性主人公たちは、女性の奴隷になりたがったり、女性をめぐって決闘したりしている。

マゾッホ自身が人妻をめぐって、その夫と決闘しようとしたこともあった。

十九世紀の男女の間の鞭打ちは、それは痛いには違いないが、中世のような相手を死に至らしめるような鞭打ちではなかろう。『毛皮を着たヴィーナス』では、主人公たちは奴隷制度の残っている国に旅行し、そこで男は下男から奴隷に転落させられる。しかしそれは文学のなかでの言葉遊びだ。

支配と奉仕という意味では身分差の恋がある。それは『伊勢物語』『源氏物語』の時代からあり、江戸時代においては、西鶴、近松ら多くの作家が、恋の成就の妨げとして身分差を描いている。結果として、身分差の恋人たちは、心中したり、捕らわれて処刑されたり、かなり過酷な末路を辿る。まさに生死を懸けた恋で、死をともなう、死を乗り越えたところに愛を見出す快楽があったのかもしれない。

評論家の故・平岡正明は「侵略国が敗戦をした時に優秀なＳＭが生まれる」（「アングラ機関説」マガジンファイブ）と言っている。「権力が移行し、それまでの権威が失墜し、その間に、血と汗と精液が流れる」と続け、敗戦十五年後に登場した団鬼六と沼正三を掲げている。戦時中、上官だった男の妻娘を陵辱する（団鬼六『肉の顔役』）とか、ＳＭとＳＦを巧みに操りながら自らの性癖とも言える白人女性崇拝を語り、果ては天皇までもとことん貶（おとし）めた『家畜人ヤプー』（沼正三）をもってＳＭ文学の到達点とするならば、敗戦を体験していない江戸も近代も、ＳＭのようなものは遊戯に過ぎないのかもしれない。

むしろ、戦国時代の影響が残る、生死の狭間にＳＭ的な快楽が残っていた江戸初期の状況下に、江戸の人たちの一部がファンタジーを見出していたのかもしれない。

よくわからないが、こんな噺があった。

吉田御殿

男性の失踪者が何人か出て、事件性が問われる。失踪した男性は、皆、若くていい男ばかりだ。

新之助という若者があるお屋敷の姫に見初められて屋敷の中に留めおかれ、何度も姫と逢瀬を重ねる。姫は徳川家康の孫、千姫だった。

千姫は大坂城の豊臣秀頼のもとに嫁いだ。大坂の役で、家康は大坂城を攻めたが、孫の千姫はなんとか救出したいと願った。千姫を救出した者には加増に加え、千姫を嫁にやると約束する。一度は豊臣に嫁したとはいえ、美貌の千姫、家康の孫で秀忠の娘、千姫を助ければその先の出世も約束される。

津和野三万石の領主、坂崎出羽守が千姫を業火の大坂城から助け出した。ところが、出羽守は千姫を助けるため業火のなかに飛び込み、顔の半分に火傷を追い、頬は焼け落ち、耳も片方なくしていた。ひょっとこの面が潰れたような顔。

　こういう言い方が落語だね。

　千姫は家康に、出羽守の嫁にはなりたくないと泣きついた。ホントは千姫、美男子の本多忠刻が好きだったのだ。家康は千姫の言うことももっともだと思い、出羽守に五万石加増するから千姫を諦めるように言う。だが、出羽守は十万石の加増もいらないから千姫を嫁にくれと言って聞かない。

　千姫は本多忠刻と結ばれ、忠刻は播磨の姫路城で十万石を得た。出羽守は千姫輿入れの行列を襲おうとしたが、柳生宗矩に阻まれた。出羽守は切腹する。忠刻が三十一歳の若さで亡くなると、千姫は江戸に出て吉田御殿に暮らしていた。

　千姫は吉田御殿に、若くていい男を連れ込み、性の快楽をむさぼり、男たちは絞り尽くされ弱って死ぬ。新之介も弱って死ぬのだが、チンコがあまりに立派だったため、千姫は切り落として、日々ながめて暮らす。

　やがて、大久保彦左衛門の知るところとなり、事件は闇に葬られ、千姫は鎌倉の東慶寺で髪をおろす。

　この物語の男たちは皆、命懸けで千姫を愛した。坂崎出羽守の目的は出世ではなかった。千姫を命懸けで助け、そのあとも千姫を命懸けで奪おうとした。業火のなか、生死をさ迷いながら、出羽守は千姫を愛した。助け出されたのちは千姫が決して自分をふり向かないことも知っていてだ。ふり向かない女に命懸けになる、究極のマゾヒズムだ。

そして、新之介はじめ、吉田御殿に連れ込まれ千姫の性の奴隷となる男たち。逃げる機会もあったろうに、逃げないいんだ。

短命

「伊勢屋の婿がまた死んだんです」

ではじまる。

「また死んだってえのはどういうことだい」と聞き返す隠居に、植木屋の八つぁんだか熊さんが説明する。善行を積んだ先代が亡くなりお嬢様が一人残った。店は番頭がやっているが、やはり店には主人が必要ということで、お嬢様に婿をとったが、来る婿が皆、一、二年で死んでしまう。「また死んだ」というのは、三人目の婿が死んだのだという。先代は善行を積んだ人物なのに、なぜお嬢様がそんな不幸な目に遭うのかがわからないと植木屋は言う。

伊勢屋のお嬢様は、すこぶる美女。店は番頭が仕切っているから、主人といっても婿は暇、他にやることはない。目の前に美女がいたら……、短命だろう。

話はこの意味を理解できない植木屋と隠居とのやりとり。すべてを理解した植木屋が、「俺は勘がいい」と言って、家に帰り、一騒動ある。

男を殺す美女、殺す意思はなくても死に至らしめるような美女はいるんだろう。

婿は短命でも、お嬢様は決して不幸ではない。婿が死んだ時は悲しいだろう。でも、とりあえず、最初の婿が死んでも次が来た。次が死んでもその次が来た。財産があって、美女だ。おそらく次くらいまでは来るんじゃないか。不幸じゃないよ。すこぶる幸福な一、二年を、三度はとりあえず過ごしたんだ。

男性器を切り取った阿部定(あべさだ)が入っていた刑務所に、結婚の申し込みの手紙が四百通以上来たという話もある。もちろん、報道された彼女の境遇に同情したものもあったのだろう。だが、男のなかには、怖いモノ見たさ心理や、マゾヒズムが存在する場合もある。

苦痛が快楽なのではなく、苦痛の向こうに快楽があるのなら、少しくらいの苦痛は我慢しよう、と思う男は案外いる。その先に死が待っていようと、マゾヒストの男は突き進む。美女のために死ぬのなら「男冥利」くらいの覚悟もあるのだろう。だらだら長生きするよりも、美女と至福の一、二年を過ごせたら。人間の幸福なんてわからない。

五、異界のものとの恋

日本の物語には、人間以外のものと恋に落ちる話は多くある。

人間以外のものと恋に落ちる、または夫婦になる話は昔話にもある。「鶴女房」「葛の葉」など、いくらもある。

あとは幽霊、死んだ人。これは元の恋人が死んで、死んだ相手と情を交わすものもあれば、死者との恋もある。また、幽霊でなく、化け物、妖怪の類との情交もあったりする。

落語で描かれているものから、異界のものとの恋を見てみよう。

安兵衛狐

これは上方の噺で、「天神山」というタイトルで演じられている。「葛の葉」がもとになっている。前半では、幽霊と人間が結ばれ、後半は、狐と人間が夫婦となる。

ある長屋に、偏屈の源兵衛と、愚図の安兵衛という、どっちも一般社会では受け入れられないであろう者が住んでいた。

ある秋の日、世間が萩を見に行くと浮かれているのを、源兵衛は「萩」でなく「墓」を見に行くと谷中に出掛ける。偏屈だから、普通に行かない。便器(おまる)に弁当を入れて、尿瓶に酒を入れていく。上方落語には平気でこういう汚い表現が出てくる。言葉で言うだけ、実物を見せるわけでないから、これを汚くなく笑いに聞かせるのも落語家の器量だ。

源兵衛は谷中で、供養されていない新仏の墓に酒を掛けて供養、すると幽霊が礼に来て、二人は恋仲となり、夫婦になる。

供養された者が幽霊になって礼に来るのは、「野ざらし」と同じ。「野ざらし」は礼に来て成仏する。源兵衛の女房は幽霊の女房として現世に留まる。偏屈ななかに、源兵衛の優しさ、そして寂しさを女は理解したのだろう。無念に若くして死んだ女も寂しさを包括し、源兵衛との心の結びつきがあったのかもしれない。

お約束。「野ざらし」と同じ。隣家の安兵衛は、幽霊でもいいから俺も女房が欲しいと、谷中に出掛ける。そこで罠に掛かった狐を助ける。すると狐が恩返し、女に化けてやって来て、安兵衛の女房となる。狐が女房になるのは「葛の葉」。安兵衛は安倍保名(やすな)、安兵衛と狐の間に生まれた赤ん坊が、のちの安倍晴明(せいめい)になる。

水神

菊田一夫・作、六代目三遊亭圓生の口演。屋根職人の杢兵衛は女房に逃げられ、赤ん坊を抱えて困っていた。水神の森で会った女が赤ん坊に乳をくれ、何かと杢兵衛親子の面倒を見てくれ、杢兵衛と女は夫婦になるが、実は女は烏（からす）だった。

女は以前から、屋根の上で働く杢兵衛を見て好意を抱いていたのだろう。屋根職人といっても瓦職人でない、長屋専門の屋根職人で杢兵衛は決して裕福ではなかったから、人間の女房は出ていった。人間の女にはわからない、杢兵衛のよさが烏にはわかったのだろう。

女の正体を知ってしまった杢兵衛、女はもう杢兵衛の傍にはいられないという。

「そんな、俺しか知らねえんだ。誰にも言いやしない。俺はお前が烏だろうが雀だろうがかまいやしねえ。どうか、一緒にいてくれないか」

頼む杢兵衛だが、女は神様との約束で、正体がバレたら烏に戻らなければならないと言う。この烏は元は水神の使い姫だった。

「お前さん、それほど私のことを想ってくれるのなら、この羽織を着ると羽が生えて烏になれます。お前さん、烏になるのはお嫌ですか」

言われて、杢兵衛は躊躇するんだね。なんだろうね、人間ってえのは。やはり万物の霊長意識があるのか。

人間と異界のもの、動物などの恋は、村に住む人間と放浪の民などとの恋物語を譬えたものだと、民俗学なんかではよく言われる。「葛の葉」もそうだ。呪術を使う女との間の子だから晴明はさまざまな神通力を使える。

「水神」の烏もそうした譬えだとしたら、屋根職人の杢兵衛が惚れた腫れたの感情だけで、異文化の民の世界には入っていかれなかった、という話なのかもしれない。

結局、飛んだことがないから飛べるかどうか、とか意気地のないことを杢兵衛は言い、女は去ってゆく。

数十年が過ぎた。赤ん坊も大人になり、杢兵衛のもとから巣立つ。杢兵衛は独りになった時、ふと烏の女房のことを思い出し、あの時もらった羽織を持って屋根に上がった。

ろくろ首

妖怪との婚姻の話だ。異界のものは都市にはいない。田舎に行くといる。狐狸が化けたり、ウワバミ（巨大な蛇）なんかもいる。

山姥なんていうのがいて、山に入った旅人や猟師を捕らえて食らう。一説には姥捨て山の老婆が生き残った、なんていう説もあるが、何かの都合で村を追われた女、おそらく村の多くの男と関係を結び、争いのもととなった女だろう。それが生きるため、旅人に春をひさいだり、時には追剝（おいはぎ）まがいのことをしたのだろう。

また、雪女も村人に嫁ぎ、子までなしたりしている。

だが妖怪は山の村だけでなく、時には都市にもいたりする。

落語でお馴染み、与太郎が「嫁が欲しい」と言い出した。与太郎も適齢期で悩む。頭が弱く職業に就けない与太郎に嫁は養えない。だが、

「あたいもお嫁さんが欲しい」

そう言われた叔父さんは、婿養子を探しているお屋敷のお嬢様のことを思い出す。お屋敷の婿養子、今でいう逆玉だ。女に財産があるから別に収入がなくても大丈夫だ。ただし、このお嬢様にはある秘密があったのだ。

「首がのびるんだなぁ、夜中になると」

「お、叔父さん、そ、それは、ろ、ろくろ首だ」

「大丈夫だよ。夜中しかのびないって話だ」

「なら大丈夫だ。あたいは一度寝たら朝まで起きないから」

ってなわけで。お見合いも成功し、与太郎はお屋敷の婿になったが……。

ろくろ首には二種類ある。一般には、首が夜中にのびる。他に、ラフカディオ・ハーンの「ろくろ首」では首が離脱し、飛んで行く。

我々がよく見るのは因果もの、首がのびる、これは暗幕を用いた手品（イリュージョン）。香具師（やし）が、「親の因果が子に報い」と口上を語るから、ろくろ首にまつわる物語にリアリ

ティを増す。

このお嬢様も、働かずに生活できる財産があるというのは、何か先祖がよからぬことをして、財産と一緒にろくろ首という因果を背負ってしまったのかもしれない。

与太郎の恋はどうなったか。お嬢様の因果も含めて受け入れる度量が与太郎にあるのか。案外、馬鹿は深く考えないから、首はのびても下半身は普通だ。大丈夫かもしれない。

茄子娘

動物や妖怪だけなく、人間はいろんなものと情交する。

入船亭扇橋が演じて、今は一門がわりとやっているが、あまりに馬鹿馬鹿しい一席。

東海道は戸塚の近く、鎌倉山の寺の若い住職が、小さな畑、家庭菜園みたいなものをやっていて、茄子を育てていた。ある夏の夜、住職の寝所に女が訪ねてきた。女は茄子の精だと言う。住職が「菜(さい)にしてやる」と言っていたのを「妻(さい)にしてやる」と勘違いして来たという。

これだけでも馬鹿馬鹿しいのだが、扇橋は馬鹿馬鹿しくは演じない。竹林を通う風、麻の蚊帳と、そこに現われる女、情景を巧みに描き、住職と茄子との一夜を幻想的に語る。あたかも夢物語のように。住職は、たとえ夢物語でも、女犯(にょぼん)の罪を犯したと、旅に出る。

そして、五年の月日が流れ、住職が寺に戻ると、寺は荒れ果てているが、そこに一人の少女がいる。少女は「茄子の子」だと言う。

馬鹿馬鹿しすぎるが、僧侶でも迷う茄子の精。

人間はどこまでスケベなんだろう。

六、すべての道はウンコに通じる

下ネタというのは下半身のネタという意味で、下卑(げび)たネタという意味ではないことをお断りしておく。現代の識者のなかには、下ネタを嫌う人が多くいる。好き嫌いはいいんだ。下ネタ嫌いという人の気持ちもよくわかる。

それは羞恥をともなう笑いであり、時に差別や、現代ならセクハラにも通じるからと、一切の下ネタを封じるべきと言う者もいる。また、ウンコ、おしっこ、屁、というような笑いは子供でも大笑いするし、子供はウンコ、おしっこ、屁が大好きだ。ゆえにレベルが低いと一蹴される場合もある。

果たしてそうか。落語ができはじめた江戸中期、天明の頃(一七八〇年代)、噺の会で鳥亭馬が書いた『落噺六儀』は、早い話が落語の作り方のマニュアル本だ。

笑いはどうやって起こるのか、面白いとは何か、ということも世間の人はあまりよくわかっていなかった。そんな時代に、落語作りのポイントとして掲げている六つの要素があって、①ゆきすぎはなし（大袈裟な話）、②万八はなし（嘘話）、③地口落ち（しゃれ、語呂合わせ）のはなし、④下がかりのはなし、⑤りくつ落ちのはなし、⑥人情はなし、とあり、「下がかり」も重要なひとつに数えられている。

下ネタには大きくわけて二種類ある。もっと細かにも分けられるけれど、基本は二つ。
一、ウンコ、おしっこ、屁などの話。排泄に関する話。
二、セックスにまつわる話。いわゆるエロ話。
受ける対象も、ネタの構築法も違う。

そんな話を人前でするんじゃないよ。みっともない。

不思議だね。ウンコもおしっこも屁もセックスも、皆やっていることなのに、みっともないと言う。

秘め事だから。人に言うのがみっともない。ましてや、ウンコ、おしっこ、屁、それにセックスの失敗譚なんて、人が聞いたら、笑う。

そうなんだ。笑うんだ。しかも絶対に笑う。だから、やるんだよ、下ネタを。

恥ずかしさの極みは、ウンコ、おしっこ、屁だ。そこに、より人間性が描かれ、ドラマチックに描かれるのはセックスの失敗譚だ。

では、いろごとの話に、ウンコ、おしっこ、屁が加わると、どうなるのであろうか。

代脈

頭の足りない医者見習いの話。

おいおい、頭が足りない奴が医者になれるのか。昔は国家資格なんていらない。医者の家で修業すればなれた。医者は知識よりも技術の時代で、職人と同じだ。だって、ほとんどの病気は原因不明で治らない。しょうがないよ。だから、外科治療、止血とか、骨接ぎとか。あとは薬の処方なんかを覚えれば、なんとか医者で通った。もちろん、ちゃんと勉強している医者が大半であるが、なかにはそんな医者もいた。俗にいう藪医者なんていうのは、ずいぶんいたんだろう。

主人公の銀杏は、医者の家に奉公している。主人公の名を与太郎でやる人もいる。ほぼほぼ与太郎と変わらない知能程度。でも医者の先生は、場数を踏めば一人前になれるだろうと、馬鹿が診察しても差しさわりのない病人のところへ往診に行かせる。

それはぶらぶら病のお嬢様。ぶらぶら病とは、現代の鬱病のごく症状の軽いもの。医者が話し相手になることで、多少は気が晴れることだってある。先生が銀杏を行かせたのは、同年代の者と世間話でもすれば、自分が行くよりも、鬱病には効果的だと思ったのかもしれない。

医者は銀杏に、医者の往診マニュアルを教える。羊羹が出ても手を出してはいけない。いつも食べ慣れている顔をしなくちゃいけないとか。

そして、一番肝心なこと。触診の時、お嬢様の下腹に小さなしこりがある。これを押してはいけないと教える。以前、先生が触診した時、しこりに触れたら屁が出た、それでお嬢様は顔を真っ赤にした。お嬢様が恥ずかしい思いをするのは鬱病にはよくない。

銀杏はいろんな失敗をやらかす。そしていよいよ診察だ。

「あー、お嬢さん、こんにちは。前にもお目に掛かったことがあります。私は銀杏と申しまして、今日は大先生の代わりです。あんな汚い年寄りの先生と違いまして、私のような若先生のほうがよろしいでしょう。いずれあなたも婿をとらなきゃならない。そういう話はいずれゆっくりいたすとして、とりあえず脈をとりましょう」

銀杏、頭は悪いが普通の男だ。お嬢様の体を触り放題。このあたりは触れない人がほとんどだが、なかには濃く演じる人もいる。落語はリアリティじゃなければいけない。で、銀杏は思いっ切り、お嬢様のしこりを押したもんだから、ブーッ。

汲み立て

屁は罪がなくていい。ウンコとなると、さらに事態は深刻になる。

町内の若い者たちは、稽古屋の師匠に岡惚れしている。お馴染み乙(おつ)な年増(としま)の師匠だ。ところが、師匠は半ちゃんとわりない仲になり、二人で大川へ屋根舟を出して夕涼み。しっぽりやろうとしているのを知ってしまう。

「口惜しいねえ。どうしてくれよう」

「これから俺たちも大川へ行こうじゃねえか。で、師匠と半公の舟の横で、鉦(かね)と太鼓鳴らして邪魔してやろうじゃねえか」

怒った町内の若い者たち。男が嫉妬に狂うと厄介。

夕涼みの屋根舟では、師匠の三味線で半ちゃんが一節歌おうなんていう時に、鉦と太鼓で大騒ぎ。

「なんでしょうね、あれは川のなかのチンドン屋ですかね」

船頭はわけがわからない。とりあえず避けて逃げるが、あとを追ってきて騒ぐ。あおり運転みたいな奴ら。とうとう半ちゃんも怒る。

「なんだ手前らは。なんか用か！」

「やい、半公。お前はいい男で師匠がいい女、屋根舟で唄なんか歌いやがって、畜生、羨ましい」

情けない。だが、町内の連中に正義はない。ただの嫉妬。みっともないだけ。それでも精いっぱい虚勢を張る。

「やい、半公、お前が師匠と、どこで何をしようと文句はねえが、ものには筋ってものがあるんだ。師匠とよんどころなくこうなりました、と頭のひとつも下げれば、祝儀くらいくれてやる。それを隠れてこそこそやりやがって、それが気に入らねえって言うんだ」

理屈にもなんにもなっていない。ただの言い掛かりだ。

「何を言ってやがるんだ。俺と師匠がどこで何しようと大きなお世話だ。妙な焼餅妬きやがって。糞でも食らいやがれ」

「糞でも食らえだと？　食らってやるから持ってこい」

まさか持ってくるとは思わない。

その時代、大川の水運のひとつに、現在の埼玉・茨城方面に肥やし（糞尿）を運ぶ舟がたくさんいた。

うっかりしたことは言わないほうがいいね。

下水のない江戸の街には、愛もウンコもあふれていた。

第六章　そして、めでたく結ばれる

「弁慶と小町は馬鹿だ、なぁ、カカア」という川柳がある。

諸説あるが、弁慶と小野小町はセックスと無縁の生涯を送ったと言われている。

江戸の夫婦は布団のなかで、そんな弁慶と小町を馬鹿だと言う。

江戸の夫婦に理屈はいらない。日々楽しくて幸福なら、それでいい。

「偕老同穴の契り」という言葉がある。意味は一緒のお墓に入る約束をすること。夫婦の契りは死んでも解消されることはない。果たしてそうだろうか。

一般に離婚もあるし、死別して再婚なんていうこともある。江戸時代は結婚にもいろんな約束事があって、「三年子なきは去れ」なんていうこともあったりするから、離婚も多かった。何かの加減で早く死ぬ人は男でも女でもいた。男は、それなりの家なら跡継ぎを残さなきゃいけないし、女は生活のために再婚することはよくあった。

それでも「偕老同穴」なんていう言葉があるのは、結婚は愛の終着点として、時代を超えての「幸福の象徴」であったのだろう。でなきゃ、誰があんなに結婚式に金をかけるんだ。

江戸の結婚は愛なんて関係ない、家と家との繋がりでしかない、と言う人もいる。そういう婚姻もあるだろうが、夫婦になって愛をはぐくむ人たちもいる。百組いれば百通りの夫婦がいるのだろう。いろんな夫婦がいるから面白い。

一、結婚への道

江戸の人たちはどうやって結婚したのだろうか。「仲人なしのくっつきあい」と、自分たちの愛を貫いたことを、多少自虐的に自慢する奴らがいる一方、大半はそれなりの仲人がいて夫婦になった。

庶民の場合、仲人に多いのは大家さんだ。現代のアパート、マンションの経営者とは違う。江戸時代は、家主が町役人を兼任している場合が多かった。町役人は、人別という戸籍の管理、事件が起こった時の通報なども仕事だった。つまり、大家が長屋というごく小さな共同体の行政責任者であったわけだ。だから、長屋の住人のためにいろんな気配りをする。独身者には嫁を世話し、病気の者は見舞い、仕事がない者には職業の斡旋までもした。犯罪が起こらぬよう見回るのも大家の仕事である。

ただ大家も、良家の子女や、大店の女中を、うっかりした男には紹介できない。何かあって、あとのトラブルになっても面倒だ。

商人ならある程度の信用、職人ならそこそこの腕のある者、この男なら大丈夫というお墨つきを世間からもらっている男に紹介した。

る。

たらちね

結婚、そして、新婚生活までのおおまかな手順が「たらちね」という落語に描かれている。

「大家さんが呼んでるっていうから来ましたけれど、一体なんの用です」

八五郎は大家に呼ばれたので、仕事のあとすぐに大家の家を訪ねる。やましいことはない。なんだろう。そう思っている八五郎に、

「実は、八つぁん、お前さんに嫁を世話しようというんだ」

八五郎は喜んだ。嫁をもらって一人前と認められる。隣近所の夫婦の楽しそうな生活も見ている。だが、結婚までにはいろんなハードルもある。

まず、八五郎の経済的な問題だ。

「あっしのような貧乏人のところに来ようっていう女がいるんですか」

「何、昔から言うだろう。一人口は食えなくても、二人口は食える」

独り暮らしよりも、複数人数のほうが光熱費などの節約になる。

なるほど。そういう理屈なら、わからなくはない。

「で、相手の女ですが、ラッのほうはどうなんですか」

八五郎にも希望はあるだろう。誰でもいいわけではない。ラッとは面を逆さまに言った。八五郎も少しはテレがある。

「器量は十人並み優れている。それに夏冬のものを持ってくる」

器量がよくて、嫁入り道具も持ってこようという。そんなうまい話があるのか。

仲人口というのはある。現代でも見合いの仲人をするような人は、紹介する相手を悪く言うことはない。嘘は言わないまでも、多少話を盛ったりはするだろう。今は写真があるから、器量のよし悪しで嘘は言えないが、いやいや写真は修整だってできる。

「ただ、八つぁん、このお嬢さんにはひとつ傷があるんだ」

この大家さんはいたって正直な人だ。傷があると、正直に言った。

「傷っていいますと、脇腹から水が漏る？」

「水瓶じゃないよ。傷というのは、言葉が丁寧なんだ」

言葉が丁寧なのは傷なのか。女は屋敷奉公していて、言葉遣いが丁寧過ぎる。言っている意味がわからない。

「かまいませんよ。言葉が丁寧なくらい、どうってことはない。向こうが丁寧で、こっちがぞんざい、混ざればちょうどよくなります。おくんなさい」

「犬の子じゃないよ」

八五郎は乗り気だ。

「吉日を選んで」と言う大家さんに、

「思いたったが吉日と言うでしょう。今日、もらいましょう」

これで話がまとまっちゃうのが落語だ。

家に帰った八五郎は、隣家の婆さんに掃除を頼み、自分は湯屋へ行く。上方落語の同話「延陽伯（えんようはく）」では、巨大糠袋を作って湯屋に担いで行く件（くだり）がある。「下半身だけ洗えばいい」は上方ならではの合理的なギャグか。

家に戻った八五郎、今度は夫婦差し向かいで、おまんまを食べる妄想をはじめる。やはり、八五郎は夫婦生活に憧れていた。一人で食べるのは空腹を満たす作業でしかなく、夫婦差し向かいで食べてはじめて文化的な食事となる。おかずなんか、沢庵で十分だ。

やがて大家さんが女性を連れてくる。

仲人は宵の口、大家さんは「高砂」の最初の文句だけ述べて帰ってしまう。

はじめは緊張して言葉も出ない。だが、いつまでも黙っているわけにもゆかず、八五郎から自己紹介する。

「あっしは八五郎といいやす。ふつつか者でございますが、これからは兄弟同様によろしくお願い申します」

八五郎には精いっぱい丁寧に言ったつもりだ。「兄弟同様」という言い方が間抜けだ。落語家によっては「夫婦同様」と言う人もいる。夫婦なのに「夫婦同様」と言ってしまうのがおかしい。

「賤妾浅短（せんしょうせんたん）にあって是を学ばざれば謹たらんと欲す」

「大家さーん、はじまったよ」

こら、八五郎も驚く。「賤妾浅短にあって是を学ばざれば謹たらんと欲す」の意味は、ふつつかで教養のない私ですが一生懸命お仕えいたしたいと思います。

「あっ、大家さん、名前も言わずに帰っちゃったよ。えーと、あなた、お前はなんていうんでしょうかね」

仲人、結婚の条件は話したが、名前も言っていない。

「そもそもことの姓名は、父は京都の産にして姓は安藤……」

自分の名を名乗るのに両親の名から命名の由来を語る。大変な女房をもらった。

嫁は深夜、八五郎に言う。

「偕老同穴の契り」

ここで言う。

翌朝は、夫に寝顔を見せるのは女の恥と、早く起きて、おまんまの支度をする。おまんまを炊くだけで大騒ぎになる。

「九尺二間に過ぎたるものは紅のついたる火吹き竹」

おまんまを炊くための火吹き竹に紅がついている。家に女性がいるということ。それがすなわち、「過ぎたるもの」。贅沢な幸福であるということだ。

長屋には長屋の暮らしがある。やがて時が経てば、長屋の女房になってゆくはずである。拙作で、天中軒月子が演じている浪曲「東男に京女」では夫婦の一年後を描いている。

二、亭主関白のすすめ

夫婦というのはなんだろうか。

たとえば、亭主が威張っている家もあれば、奥さんが主導権を握っている家もある。お互いに口を利かないような夫婦がいて、これがただ無口なだけで案外仲がよかったりする。

代り目

酔っ払いの男が歩いている。

「あれ、角帯が落ちている。なんだ、電車の線路か」

そうとう酔っ払っているのか。東京中に路面電車が走っていた時代だ。酔えば線路が帯に見えることもあった。そのあと、男は人力車夫をからかい、なんとか家に辿り着く。

「代り目」という落語は、五代目古今亭志ん生が得意にしていた。志ん生が自身のことのようにリアルに語っているから、舞台は明治時代から昭和初期の東京で、電車も人力車もいるが、江戸時代にもこんな夫婦はいたであろう。志ん生は「亭主関白」なんていうタイトルでもやっていた。

帰ってきた亭主に、女房は「もう寝たら」と言う。亭主は「寝ない」と言い、もう一杯飲みたいと言う。この心理は酒好きの人ならわかるだろう。外で飲んでやっと家に帰ってきた。あとビール一杯。日本酒なら一合飲みたい。

「お前ね、ものには言い方ってえのがあるんだよ。外で飲むお酒とうちで飲むお酒は違うでしょう。私のお酌じゃお嫌でしょうが一本つけましょうか、そう言われれば、いや十分飲んできたからもう寝るよ、となるだろう」

「あらそう。外で飲むお酒とうちで飲むお酒は違うでしょう。私のお酌じゃお嫌でしょうが一本つけましょうか」

「じゃ、一本だけもらおうか」

亭主の計略成功。馬鹿なやりとりしている。

飲むとなったら、肴も欲しい。ちゃんとした料理じゃなくていい。漬物とか、今ならチーズとか柿の種でいいんだ。

「納豆が三十五粒残ってたろう?」

「食べちゃったア」

「その口を大きく開けるんじゃないよ。いただきました、と言えばいいんだ」

「あっそう。いただきました」

そんなやりとりをしながら、酒の燗をつけ、肴がないからおでん屋に走る女房。けなげに応対する女房のほのかな愛情が感じられる心温まる一席。

こんな夫婦は現実にはいない。昔だっていなかった。威張っている亭主はいるんだろうが、ある意味、落語に描かれる亭主関白ファンタジーなのだ。早い話が「亭主関白ごっこ」だ。日常のような非日常だ。

でもそういう遊び心が夫婦には必要だ。落語にはそんな話がよくある。

青菜

夏のある日、植木屋が屋敷の主人に酒肴をふるまわれる。

大阪の甘口焼酎の「やなぎかげ」の冷えたのに、肴は鯉の洗いだ。甘い酢味噌で食べる。

「植木屋さん、菜をおあがりか」

主人は肴に青いものをすすめる。

「奥や、植木屋さんが菜をおあがりだから、持ってきておくれ」

次の間から奥様が出てきて、

「旦那様、鞍馬山から牛若がいでまして、その名を九郎判官」

「そうか。なら、義経にしておけ」

植木屋はなんのことかわからない。お客さんもわからないけれど、すぐに種明かし。これはお屋敷の隠し言葉で、「その名（菜）は九郎（食らう）判官」。菜は食べちゃってない。だから「義経（よし）にしておけ」。

植木屋はお屋敷の隠し言葉をカッコいいと思った。

家に帰って、女房に話をする。

友達が通り掛かる。やってみよう。

植木屋の家に次の間なんてない。女房を押入れに入れる。

友達を呼び込んで、普通の酒と鰯の塩焼きをふるまう。そして、

「奥や、奥や、菜を持っておいで」

「旦那様〜っ」

やっと呼ばれた。押入れから女房が出てくる。

夏だ。窓のない押入れに入って、女房は汗まみれで出てくる。

なんだって、女房は夏の押入れに入ってまで亭主の戯事に付き合うのか。植木屋が亭主関白の暴君で、無理矢理従わせている風でもない。

女房が押入れに入る理由は、面白そうだからだ。金持ちの家の真似して、乙な気分を味わってみよう。そんなのが夫婦の話題になり、あとで笑い合える。早い話がお屋敷ごっこ。青菜プレイだ。

「そんなお前さん、馬鹿馬鹿しい。私は嫌だよ」

「あー、そうかい。なら、いいよ」

では、会話も何もなくなる。亭主は外でいろいろ面白いことを見聞きしている。

「そんなお前さん、馬鹿馬鹿しい。私は嫌だよ。やるのかい。しょうがないねえ」と文句を言いながら押入れに入る。

専業主婦であろう女房は、そんな亭主の話を聞いたり付き合ったりするのが楽しい。だから、馬鹿なこともやる。

そして、亭主が大好きなんだ。その意思表示としての「遊び」なら、楽しいと思う。馬鹿馬鹿しいことをやるのも面白みだ。

「代り目」や「青菜」の夫婦は、亭主関白を装いながら、女房が主導権を握っている。女房の亭主の操縦術がうまいなんてえことを言う人がいるが、違うね。「亭主関白プレイ」を楽しんでいる夫婦だ。

「亭主と女房のどっちがエライか。区役所行って聞いてこい」

「代り目」の亭主の科白（せりふ）。そんなことは区役所が教えてくれるか。家父長制の時代だから、「亭主がエライ」と教えてくれるかもしれないが、誰もそんなことで区役所なんか行くもんか。そんなのはどうでもいい。夫婦で楽しく暮らせればいい。そのための夫婦間でのイベント、プレイを楽しむことが夫婦和合の秘訣と、落語は教えてくれるんだ。

では、夫、妻とうまく付き合うのは、どうしたらいいか。

「愛」。もちろん、愛は大事だが、一年も三年もすると、愛だけでは暮らしてゆかれない。マンネリだとか、倦怠期といった時期を迎える。

それを乗り越えるには、どうしたらいいか。

子供のいる家庭にはイベントがある。七五三、小学校入学、運動会……、子供の成長とともに、家族でイベントに対応していれば、少なくとも飽きることはない。ただ、夫婦が父母に代わってゆく。それはひとつの人生の経過である。

子供のいない夫婦はどうしたらいいのか。同じなんだ。子供のいる夫婦を見習って、なんかイベントを起こせばいい。

日本でもやっている人もいるが、記念日というのは大事だ。銀婚式（二十五年）、金婚式（五十年）は先だが、紙婚式（一年）、藁婚式（二年）、革婚式（三年）……銅婚式（七年）、水晶婚式（十五年）などいろいろあるようだから、そのつど祝ってもいいんだ。

夫婦にイベントは大事。まぁ、一種の遊びだ。日常は退屈、でも大事。たまには、羽目をはずす。羽目をはずすと言葉は悪いが、旅行に行くとか、そんなイベントでいいんだ。二人で羽目をはずしていれば、お互いの存在に気づく。そういうことが夫婦には大事なんだ。

三、女房の死・亭主の死

江戸時代は死が身近だった。

医療が未熟で、病気になればたいてい死ぬ。なかでも、配偶者との死別は、相当悲しいのだろう。女房（あるいは亭主）が死んで、また新しいのと結婚すりゃいい、そう割り切れるものでもなかろう。だが、気持ちは割り切れなくても、武家は子孫を残さねばならないから、商家も一家の切り盛りが必要だから、まわりがのち添えを世話する。

そして女性の場合は、生活のために新しい夫のもとへ嫁ぐというのもあった。

三年目

商家の主人でわりと若い夫婦。

病の女房は、自分が死んだあと、亭主が新しい女房をもらって仲よく暮らすのが口惜しいと言う。これから苦労をともにし、年を取って、いろいろあったけれど楽しい人生だったと話しながら、どちらが先ともなく死んでゆくはずだった。なのに、自分だけ先に死んで、自分がやるはずだった役は別の誰かがやる。うん。それは口惜しいという気持ちはわからなくはない。

亭主はのち添えなんかもらわないと言うが、家は商家だ。亭主がいくらそう言っても、親戚が必ず縁談を持ってくる。そうなれば断るわけにはゆかず、必ずのち添えをもらうはずだ。

そこで亭主は女房に提案する。

「弱ったね、どうも。じゃ、お前と私で約束をしよう。万が一にもお前が目を瞑(つむ)って、親戚からのち添えをという話があったら、私は断る。だが、どうにも断れなかったら、後妻を持つということになる。まぁまぁ、最後まで聞きなさい。お前がそれほど私を思うのなら、婚礼の晩に幽霊になって出ておいで。お前の幽霊なら、私は怖くはない。決して怖いということはない。だが、嫁は驚いて目を回すよ。で、あくる日には実家に帰るよ。どうだい」

あそこの家は先妻の幽霊が出ると噂になれば、誰も縁談をすすめなくなるだろう。

それを聞いた女房は安心したのか、数日後に死んでしまう。

一年も経たぬうち、亭主は親戚にすすめられてのち添えをもらった。だが、幽霊は出てこなかった。何日経っても出てこない。流石(さすが)に亭主も諦めて、新しい女房と新生活をはじめる。子供もできて三年経ったある夜、先妻の幽霊が、今さら、出てきた。

でも亭主にすれば、今さら何よ。亭主には新しい生活があるんだもの。どうするんだ。

幽霊は新しい女房をとり殺すんだろうが、新しい女房にしてみても、何を今さらだ。そら、新婚の時なら幽霊見て驚いて逃げ出したかもしれないけれど。そこの家に三年いるんだ。子供までいる。母は幽霊なんかに殺されやしないし、驚きもしない。女は強い、否、女房は強いよ。

三年出てこられなかったのは、女の切ない事情があってのことだ。

でも、結局、死んだら負けなんだ。年取って寿命で死ぬのは仕方がないが、若くして死んだらいけないんだよ。頑張って生きなきゃ駄目なんだ。

樟脳玉

配偶者の死で新しい人生をやり直せる者もいれば、駄目な者もいる。

捻兵衛は最愛の女房と死に別れる。

女房は、元はお屋敷に奉公していた。奥様に可愛がられて、着物や道具類、そこそこの財産をもらっている。六代目三遊亭圓生はお屋敷が瓦解して、女一人、生きてゆかれないから、人を介して捻兵衛に嫁いだと言っている。他の演者では、捻兵衛に嫁ぐ時にお屋敷の奥様が嫁入り道具を揃えてくれたというのも聞いた。

捻兵衛は居職（いじょく）（自宅で仕事をする職人）のようだ。商人のような目先の利くタイプではないし、大工のような集団で行動するような職人でもない。一人でコツコツ仕事をする職人。真面目だけが取り柄なのが仲人の目に留まり、高嶺の花の、元お屋敷勤めで気品のある美女と結ばれた。

捻兵衛は極上の女房をもらい、女房に献身的に仕えていた。カカア天下なんてもんじゃない。他の者に女房の美貌を褒められ、下僕呼ばわりされても捻兵衛は喜んでいた。その女房が死んで、仕事も手につかず、毎日仏壇の前でボーッとしている捻兵衛を見た町内の男二人。なんとか励まそうと……、圓生はそんなことは一言も言わないけれど。こはショック療法しかない。女房の形見の着物や道具、奥様からもらった現金もある、それを全部奪ってしまおうと考える。

樟脳玉で火の玉を作り、「女房が、着物や道具に気が残って死ぬに死ねない。浮かばれないから、着物や道具を寺に持っていって供養してもらったほうがいい」と言い、騙し取ろうというのだ。

悪い奴らだ。落語に悪人は出てこないが、たまには出てくる。女房に死なれ、想い出にすがってかろうじて生きている捻兵衛から想い出の品物を奪い取ろうという。

捻兵衛は女房の想い出に浸って、くよくよ生きている。遺品なんか整理して、自分の人生を歩んだほうがいい、というのは所詮、他人の意見だ。人の価値観なんて、他人が決めるもんじゃない。捻兵衛にとって、女房と過ごした数年間が人生の至福の時であった。まわりからは下僕呼ばわりされても、女房は違った。献身的な捻兵衛を愛した。その時間があったから、捻兵衛の人生は輝いた。

立派な葬式を出し、持っていた自分の金も女房の金も全部使った。葬式に来た悪党は、「強飯(おこわ)や煮しめがうまかった」と言っている。十分な供養をしたんだ。あとは想い出に浸って生きたっていいだろう。「死んだら終わり」と言うが、案外そうでもない。死んだ人間を知っている人が生きているうちは、想い出は残る。捻兵衛の女房は捻兵衛の想い出のなかで、最高の女房として生き続ければいいんだ。

佃祭

夫に死なれた女房はどうする。

神田お玉ヶ池の小間物屋、治郎兵衛は一人で佃祭を見物に行った。

その日の夜、治郎兵衛は帰ってこない。心配していると、治郎兵衛が乗る予定だった渡し舟が沈み、全員死亡の報が入る。

治郎兵衛の女房たまは、なかば茫然自失となる。

たまは焼餅妬きで、焼餅を妬くというのは、それだけ治郎兵衛を愛していたということだ。

「治郎兵衛は、ホントは佃祭なんぞには行きたくなかったんですよ。それを町内の皆さんが私のことを焼餅妬きだなんて言うものですから。女房の焼餅を怖がって祭りに行かないなんて思われたら癪だから、俺は無理にでも祭りに行くって出ていって。あなた方が私のことを焼餅妬きだなんて言うから、治郎兵衛は祭りに行った、治郎兵衛を殺したのは、あなたたちです。治郎兵衛を返して！」

治郎兵衛は祭りが好きで佃に行ったんだよ。

たまは、治郎兵衛の死骸を探しに行くという町内の人に、着ているモノの特徴を聞かれて、帽子や下駄の話をしたり。舟が沈んで死んだんだ。帽子や下駄は証拠にならない。

「なんか治郎兵衛さんだってわかる証拠はありませんか。黒子（ほくろ）とか傷とか」

「それならば、左の腕に私の名前が、たま命、と刺青が」

惚気（のろけ）話をはじめる。

治郎兵衛は舟に乗り損なって、生きていた。「佃祭」は死にまつわるいろんな話が詰め込まれている。本人生還のどたばた喜劇は、誰が悲しんだのかがよくわかる。一番悲しみ、泣き、狼狽し、最後は惚気た女房に、治郎兵衛は日頃の焼餅もやむなしと思ったのではないか。

四、艱難辛苦を乗り越えて得る夫婦の絆

夫婦にはいくつかの危機が訪れる。

長屋の夫婦なんて、喧嘩をしながらも仲がいいのかもしれないが。

「この野郎、出ていけ！」

「出ていくよ。出ていくから返せ」

「なんだ返せっていうのは？」

「お前さん、私のシャツ着ているだろう」

「お前こそ返せ。俺のサルマタ穿いているだろう」

駄目だこりゃ。

夫婦の危機は経済的な理由によることが大きい。亭主が働かない。働く能力がない、なんていうのもある。それでも「鮑のし」のように女房が差配してうまくゆく夫婦もいる。また、働く能力がなくても知恵の回る亭主もいて、大晦日に借金取りの言い訳を巧みに行う「掛取万歳」、そこには女房の協力も必要で、夫婦して危難を乗り越え（借金取りを追い返し）、除夜の鐘を聞いて正月を迎える。落語の夫婦は、貧乏なんて気にしない者も多い。

「天災」や「二十四孝」のように、乱暴者の亭主が女房や家族を殴るなんていう、今でいえばDVもあったりするが、そういう時は大家さんが間に入って、なんとか収めてくれた。なかには、女房が強くて、亭主を荒縄で縛って天井から吊るすような夫婦もいたが、そういうのは優しく見守った。

だいたいの夫婦の危機というのは、男に原因がある。男の道楽「飲む、打つ、買う」。「子別れ」の熊五郎は吉原の女に狂った。だが、熊五郎は改心し、子供が媒介となって夫婦はよりを戻す。「文七元結」の長兵衛は博打だ。これも娘が長兵衛の再起のきっかけとなる。酒で身を持ち崩した代表は「芝浜」の勝五郎(演者により名前は異なる)だろう。

芝浜

「お前さん、起きておくれ。河岸(かし)に行っておくれよ」

女房が亭主の勝五郎を起こす。

勝五郎は腕のいい魚屋だった。魚屋というのは魚を売るだけでない。仕入れの段階で、いい魚を見極める力もいる。そして、販売時には、飯台をまな板代わりに、三枚におろしたり、切り身にしたり、刺身にしたり、包丁でさばいたりもするから、腕もいる。職人に近い商人なのだ。

その勝五郎が酒で身を持ち崩す。酒飲むと、人間は怠惰になる。二杯くらい飲むんなら大丈夫、むしろ勢いがついて仕事もうまくゆく。じゃ、三杯でもいいだろう。四杯、五杯。飲んでいると仕事に遅れて、勝五郎が酔っているように、仕入れた魚も日が当たって、よれよれになっている。遅れていって、魚がよくないと文句を言われる。文句を言われると面白くないから酒を飲む。

そのうちに、だるいから仕事を休むようになる。魚屋が回ってこなければ、料理屋やお屋敷は困る。「勝つぁんは腕はいいが、来てくれなきゃしょうがないよ、他所(よそ)で頼もう」となる。客をしくじる。

仕事に行かなきゃならないという思いはあるから、女房に早く起こすよう言ったが、気が乗らない。

「ひと月近く休んじまったんだ。飯台も使い物にならないだろう」

「何言ってるんだよ。昨日今日の魚屋の女房じゃないよ。昨日のうちから飯台の糸底に水張ってあるよ。キュッと締まって水が漏ることはないよ」

「包丁も錆びてるだろう」

「ピカピカに研いでおいたよ」

「草鞋(わらじ)は？」

「出してあります」

「資本と煙草は腹掛けんなかに入っています」

「よく手が回りやがったなぁ」

何から何までできた女房だ。

ここまででも十分、女房のおかげで再起する亭主の話だ。

勝五郎、芝の浜で大金の入った財布を拾う。

「俺があまり不幸せだから、お天道様がめぐんでくださったんだ。ありがてえよ。金持ちになった。俺は明日から商売なんてしないよ。二人で乙な形してよ、うまいもの食って、俺は好きなだけ酒飲んで、面白おかしく暮らそうじゃないか」

不安に思った女房は、勝五郎をとりあえず寝かしてしまう。

昼近くに起きた勝五郎は友達を呼んで来て酒盛りをする。そして、寝てしまう。

翌朝。

「お前さん、起きておくれ。河岸に行っておくれよ」

大金があるから商売には行かないと言う勝五郎に、

「財布ってなんだい。お前さん、財布なんて拾ってないよ」

「何言ってるんだよ。お前に財布を預けたろう?」

「財布なんて預かってないよ」

「おい、全部取り上げはないだろう。俺が芝の浜へ行って、財布を拾って」

「お前さん、芝の浜なんかに行っていないよ。財布なんか拾っていない。お前さん、夢見たんじゃないのか」

女房は財布を拾ったのを夢だったとごまかす。そうなれば再起はできない。

勝五郎は金があれば働かないと言った。

これを大家さんに言われて、という演出でやる人が最近多いね。

もともとの「芝浜」、そんなにたいした噺じゃなかった。さらっと聞いたら、ありえない話だよ。夢のような現実、現実のような夢ってえのはあるけれど、夢か現実かわからなくなるなんていうことは、ないよ。

昭和二十九（一九五四）年、三代目桂三木助が「芝浜」を演じて芸術祭奨励賞を受賞して、この噺は有名になった。だが、三木助は財布を拾う芝浜の情景を色濃く描いたが、夫婦の件はさらりと演じている。

夫婦の件を濃く演じて、「芝浜」という噺を今日の色合いに仕立てたのは、立川談志と五代目三遊亭圓楽だ。

現在でも、むかし家今松は十代目金原亭馬生の「芝浜」を継承、濃くない「芝浜」を聞かせてくれるし、柳家さん喬や柳家権太楼は談志、圓楽より濃い「芝浜」を演じている。三遊亭白鳥や立川談笑の改作、浪曲、講談も含めて、いろんな「芝浜」を聞きくらべできるのも、「芝浜」の楽しみだろう。

女房の必死の嘘で、夫婦は立ち直る。勝五郎は酒を断つ。

大晦日、再起した夫婦のしみじみしたやりとりの後に除夜の鐘が聞こえる。

五、女房がよろしく

つまるところ夫婦とはなんだろうか。

他人が一緒になって、家族になる。

愛し合って結ばれる愛の結末だったり、あるいは、親や親戚が決めた夫婦で、結婚ののち愛をはぐくむ夫婦もいる。

危難を乗り越える夫婦もいれば、挫折して離婚する夫婦もいる。

子供ができて、いろんなイベントを経て、形を変えてゆく夫婦もいれば、なんとなく一緒にいたら五十年経った、なんていう夫婦もいる。

亭主関白もいれば、カカア天下もある。

表向きは亭主関白でも、実際は奥さんが主導権を握っている夫婦もいれば、表向きは女房が亭主を尻に敷いていても、いざとなった時は亭主がビシッと、何もできないこともある。

熊の皮

甚兵衛とお光の夫婦。「鮑のし」「人形買い」「加賀の千代」、いろんな噺に登場する。女房が亭主を尻に敷いている典型的なカカア天下の夫婦だ。

甚兵衛は働いたり、働かなかったり。なんだろう、今でいうフリーターみたいなもんなのだろうか。

江戸時代は資産のない庶民の子供たちは、お店に奉公して、丁稚、手代、番頭とキャリアを積んで出世するのが、ある意味エリートコースだった。お店の番頭になれば、相応の給金ももらえたし、場合によっては暖簾分けで、店の主人になれる可能性もあった。職人に弟子入りして一人前になれば、それも腕一本で食べてゆかれる。

だが、それらのキャリアの途中でドロップアウトしてしまう人もいた。丁稚奉公も、職人の修業も厳しいのだ。酒や博打の誘惑に負ける者もいた。あるいは、前章のお店のお嬢様と間違いを犯す、なんていう場合もなくはなかった。

　ドロップアウトした者たちはどうするのか。体力があれば、人足や駕籠かき、船頭にもなれよう。ある程度の計算ができれば、棒手振りから商売をはじめるのもいい。一種の起業だ。一生懸命働けば成功して店が持てるかもしれない。なんとか生活基盤ができれば、大家さんなり、それなりの人が嫁を紹介してくれるかもしれない。

　だが、それも難しい場合が多い。おそらく甚兵衛も奉公や修業からドロップアウトしてしまい、ほかの職業にもなかなか就けず、世間の雑用仕事で糊口をしのいでいるのだろう。にもかかわらず、甚兵衛は妻帯できた。お光は何者だろうか。何かの事情で行き場のない女なのか、引退した遊女か、しかもしっかり者で、一家の司令塔として甚兵衛を働かせて、一家を切り盛りしている。

　甚兵衛は頭が鈍く、社会から見れば落伍者かもしれないが、多くの人に好かれている。好人物だ。まわりの人間が甚兵衛の幸福を願い、しっかり者だが、なんかわけありのお光を女房に世話してくれたのだろう。

　甚兵衛が仕事から帰ってくる。なんの仕事かは知らないが、夫婦が糊口をしのぐ銭は稼いで来る。だが、甚兵衛に休息は許されない。女房の腰巻の洗濯をしなければならない。

　カカア天下の夫婦のクスグリとして、たまに「女房の腰巻の洗濯」が出てくる。女房の下着の洗濯をさせられている情けなさを笑うのだろうが、女房が亭主の褌の洗濯をしても笑いにはならない。

一方で、若い新婚の夫婦で、亭主が女房の腰巻を洗濯しているのを見て、「羨ましい」という独身の男もいたりする。独身の男性にとっては、若い女性の腰巻の洗濯なんて、しようと思ったってできることではない。それは羨ましいし、新婚の亭主にしてみれば、拝み倒して女房にした女の腰巻を洗濯するのは自慢なのかもしれない。

平成の頃にあったプロポーズの言葉で、「俺のパンツを洗ってくれ」というのが、男の強さを示してカッコいいなどと、一部の女性に言われたことがあった。それのパロディで、「君のパンツを洗わせてください」と言って「変態」と罵られるというのがあった。

さて、女房の腰巻の洗濯を終えた甚兵衛、食卓に赤飯が並んでいる。食べられると思ったが、

「角のお医者様のお宅でご普請をしていたろう。あれができ上がって、お祝いだっていうんでお赤飯をいただいたんだよ」

「嬉しいじゃないか。俺は赤飯が好物だ。いただこうじゃないか」

「駄目だよ。まず先生のところへお礼を言いに行ってもらわないと」

「お礼なんかあとでいいだろう。先に赤飯食わしてくれよ」

「駄目だよ。お腹がいっぱいになったら、行きたくなくなるだろう。すぐに行っておいで」

人使いのうまい女房だ。確かに人間、腹がいっぱいになったら動きたくはない。

こうして甚兵衛はお光から、赤飯の礼の口上を教わる。

「そんなの覚えられないよ」

「しょうがないね。なら、私が口移しで教えてあげるから」

「口移し！　そいつはありがたい。でもまだ昼間だ」

何を考えているんだろうね、甚兵衛は。でも、そういうところは頭が回る。というか頭じゃないね。本能。でも夜がしっかりしているから、夫婦なんだ。

「最後に、私がよろしく申しておりましたって言っておくれ」

「俺が、私がっておかしくねえか」

「馬鹿だね。私っていうのは私だよ」

「あー、私っていうのはお前のことか。じゃ、奥様がよろしく申しておりましたって言えばいいのか」

「自分の女房を奥様なんて言う人がいるか。そんなことを他所で言っているから、女房の尻に敷かれてるなんて言われるんだよ。しっかりおし」

「はい」

口上を覚えて、医者の家に行く甚兵衛。

医者の家では、もらったばかりの熊の皮の敷物の上に座るように言われる。

赤飯の礼を言い、医者と世間話をしながら、甚兵衛、熊の皮の毛を触っているうちに、

「あっ、女房がよろしく申しておりました」

この落語、いわゆる艶笑（えんしょう）噺である。以前はあまり寄席では演じられていなかったが、最近はよく掛けられる。

熊の敷物に座って、熊の皮を尻に敷いて、女房を思い出したと、三重くらいにオブラートに包んで演じる落語家もいるが、違うよ。

触っているうちに思い出したんだ。

いろんな夫婦がいる。悪い女房をもらったら一生の不作などとも言うが、何がいい女房で、何が悪い女房なのか。それは当人たちにしか、わかんないことだ。

あとがき

日本人は、恋愛下手だなんて言われているけれど、果たしてそうだろうか。

日本人はもともと恋愛上手だった。フランス人にだって遅れをとらなかった。

古来、物語と言えば、『伊勢物語』『源氏物語』など恋の話だ。江戸時代は、井原西鶴、近松門左衛門がさまざまな恋を描いた。身分差や不倫、金がないのに遊女に惚れたりと、恋は障害があるほど燃えた。

封建社会では、親が決めた相手と結婚しなければならなかった男女もいたが、恋を封じて生きてきたわけではない。婚礼の日にはじめて会っても、その後、愛をはぐくむ夫婦もいれば、パートナーとは異なる相手と恋に落ちる場合もある。

女が駄目なら男もありだったし、なかなか妻帯できない男にも、多くのセカンドチャンスがあった。

吉原は風俗ではない。遊女は金だけでは言うことを聞いてくれない。ふられることもある。いろんなやりとりを楽しむ恋愛テーマパークだった。

　では、なぜ日本人は恋愛下手になったのか。

　おそらくは、近代国家が恋愛下手にしたんだと思う。富国強兵、勤勉を奨励しすぎて、私的な恋愛は二の次となった。男子の多くが軍国主義のもと、天皇の兵士となった。日本国軍兵士たる男子がチャラチャラ恋などしてはならん、という風潮が人を恋愛下手にした。

　江戸から東京になり、江戸時代は吉原だけだった公娼が、軍のある場所にずいぶんできた。しかし、近代の遊廓は江戸の吉原とは違った。粋や情より効率主義。突撃あるのみ。

　江戸時代はのんきに、少なくとも都市に暮らす人たちは、おいしいものを食べ、落語や演劇、文学を楽しみ、二百六十年の平和を謳歌していた。そこには、いろんなときめきが存在した。

　平凡社新書の四冊目は、江戸の恋やいろごとのあれこれ。お楽しみいただけたら幸いです。平凡社新書編集部の和田康成さんには、たいへんご尽力いただきました。読んでいただきました皆様にも感謝です。

二〇二一年六月　　　　　　　　　　稲田和浩

【著者】
稲田和浩（いなだ かずひろ）
1960年東京都生まれ。大衆芸能脚本家、作家、ライター。日本脚本家連盟演芸部副部長、文京学院大学外国語学部非常勤講師（芸術学）。おもに落語、講談、浪曲などの脚本、喜劇の脚本、演出を手掛ける。著書に『食べる落語——いろはうまいもんづくし』（教育評論社）、『浪曲論』（彩流社）、『にっぽん芸能史』（映人社）、『そんな夢をあともう少し——千住のおひろ花便り』（祥伝社文庫）、『落語に学ぶ大人の極意』『水滸伝に学ぶ組織のオキテ』『江戸落語で知る四季のご馳走』（以上、平凡社新書）などがある。

平凡社新書983

江戸のいろごと
落語で知る男と女

発行日——2021年8月10日　初版第1刷

著者——稲田和浩
発行者——下中美都
発行所——株式会社平凡社
東京都千代田区神田神保町3-29　〒101-0051
電話　東京（03）3230-6580［編集］
東京（03）3230-6573［営業］
振替　00180-0-29639
印刷・製本—図書印刷株式会社
装幀——菊地信義

ISBN978-4-582-85983-6
NDC分類番号779.13　新書判（17.2cm）　総ページ240
平凡社ホームページ　https://www.heibonsha.co.jp/